Felicia Langer

Miecius später Bericht

Eine Jugend zwischen Getto und Theresienstadt

Aus dem Hebräischen von Barbara Linner

Bitte fordern Sie unser kostenloses Gesamtverzeichnis an:
Lamuv Verlag, Postfach 26 05, D-37016 Göttingen, Telefax (05 51) 4 13 92
e-mail lamuv@t-online.de
www.lamuv.de

1. Auflage 1999
3. Auflage 2005
Originalausgabe
© Copyright Lamuv Verlag GmbH, Göttingen 1999

Umschlaggestaltung: Gerhard Steidl
unter Verwendung eines Fotos, das Felicia und Mieciu Langer
mit ihrem Sohn Michael zeigt
Gesamtherstellung: Steidl, Göttingen
Printed in Germany
ISBN 3-88977-539-X

Dieses Buch widme ich Miecius Eltern, Stefania und Leon sowie seinem Bruder Arthur Langer, die im Holocaust ermordet worden sind. Außerden widme ich es meiner geliebten Schwiegertochter, Sylvie Langer, die für mich ein Symbol des anderen Deutschland ist.

Inhalt

Einleitung

»Ich hätte gerne, daß wir Krakau, meine Geburtsstadt, besuchen, nachdem wir fast fünfzig Jahre nicht mehr dort waren. In dieser Stadt hat unsere Liebe begonnen, du erinnerst dich... Ich möchte dir auch die Plätze meiner Kindheit zeigen, das Haus in der Bernardynska-Straße 9, in dem ich geboren und bis zum Krieg aufgewachsen bin, das Getto und das Konzentrationslager Plaszow, in dem ich inhaftiert war«, sagt Mieciu, mein Mann.

Ich begreife, dies wird eine Art Eintauchen in die Vergangenheit werden, nach all den Jahren, und ich freue mich darüber, daß er mir seine Vergangenheit nahebringen will.

»Das alles hast du mir nicht gezeigt, als wir uns 1947 zum ersten Mal in Krakau begegnet sind und dort gewohnt haben, obwohl damals alles noch frisch im Gedächtnis war«, bemerke ich. Er erwidert, daß er offenbar noch nicht reif dafür gewesen sei, und vielleicht auch ich nicht. Er hat recht, denke ich.

Nur zwei Jahre waren damals vergangen, seit er an der Schwelle des Todes gestanden hatte und der Hölle entronnen war, achtzehn Jahre alt bei seiner Befreiung, und ich war erst kurz zuvor nach Polen zurückgekehrt, nach bitteren Jahren der Flucht und Armut. Als wir uns begegneten, war er zwanzig und ich siebzehn, wir sehnten einen schnellen Wiederaufbau und ein neues Leben herbei und fürchteten die Gespenster der Vergangenheit.

»In den letzten Jahren ist mir klar geworden, wie ich unbewußt meine Vergangenheit verdrängt habe, wohl auch, weil ich noch sehr jung war, doch später ebenso in Israel«, sagt Mieciu.

Es stimmt, denn auch was er mir erzählt hat, ist nur sehr dürftig gewesen, mit betonter Lustlosigkeit, und ich habe seinen Wunsch zu schweigen respektiert. Vielleicht ist deshalb sein Lachen, das so häufig sein Gesicht erhellt, so bodenständig, warmherzig und ansteckend, was er zum Glück auch unserem Sohn Michael vererbt hat. Mieciu ist die Verkörperung von Lebenslust und Menschenliebe, bar von Rache- und Haßgefühlen, der Gegenwart und Zukunft zugewandt.

Ich meinerseits schreckte zutiefst davor zurück, mich mit den Greueln des Holocaust und des Krieges zu beschäftigen. Ich vermied es, soweit wie möglich, Bücher über den Krieg zu lesen oder Filme darüber zu sehen, diesem unfaßbaren Grauen ins Auge zu schauen, um nicht die Erschütterung und den unerträglichen Schmerz empfinden zu müssen, von dem ich nicht gewußt hätte, wohin damit.

Wie gut, daß ich zum Beispiel nicht weiß, wie meine Onkel, Tanten, Cousinen und Cousins, mit denen ich in meiner Kindheit spielte, umgekommen sind. Es wäre ein leichtes gewesen, sie mir irgendwo auf dem Planeten von Auschwitz oder Treblinka vorzustellen, aber das habe ich immer von mir weggeschoben. Ich bin nicht fähig, an ihre Leichen zu denken.

Ich fragte Mieciu einmal, ob er sich vorgestellt hat, wie seine Eltern und sein Bruder Arthur starben. Er verneinte das und meinte, er wolle es nicht wissen.

Unser Sohn Michael, der in Israel geboren ist, bekam die ausführliche Geschichte seines Vaters über den Holocaust zu

Mieciu Langer mit seinem Sohn Michael (1957)

hören, als er neununddreißig Jahre alt war und Mieciu sie 1992 zum ersten Mal in der Öffentlichkeit erzählte (im Tübinger Museumssaal, im Rahmen der Ausstellung »Nazis in Tübingen«). Dies geschah nach intensivem Drängen seitens der Organisatoren der Ausstellung und mir. An jenem Tag, der der ganzen Familie in Erinnerung geblieben ist, als hätten sich alle Schleusen geöffnet, erzählte er seine Geschichte mit allen Ereignissen vor einem großen Publikum, das ihm mit angehaltenem Atem lauschte, darunter unsere neuen deutschen Freunde. Ich saß da und hörte zu, und ich weinte um seine Familie, die ich nie kennenlernen konnte.

Miecius persönliche Geschichte des Holocaust ist zu einem Teil meiner Existenz geworden. Mieciu, die Liebe meines Lebens. Ich wußte, der Tag würde kommen, an dem ich seine Geschichte zu Papier bringen würde.

Am 1. September 1998 beginne ich mit dem Schreiben. An diesem Tag, genau vor neunundfünfzig Jahren, brach der Zweite Weltkrieg aus.

1. Die Reise nach Polen

Die Reise in die Vergangenheit soll im September 1996 stattfinden. Mit der Bahn machen wir uns auf den Weg nach Polen, von Tübingen über Hannover nach Warschau.

Gut, daß wir beide nicht abergläubisch sind, denn unser erstes Hindernis auf dem Weg nach Polen hat eine besondere Tragik. Der Zug muß für etwa zwei Stunden in der Gegend von Fulda stehenbleiben, weil sich jemand vor den Zug geworfen hat...

Wir erreichen Hannover mit großer Verspätung. Der Zug nach Warschau hat auf uns gewartet, doch wir sind zur Eile gezwungen und müssen mit dem schweren Gepäck zum Schlafwagen rennen, der sich, weit entfernt von der Stelle, an der wir ausgestiegen sind, am Zuganfang befindet. Es ist ein alter russischer Schlafwagen, der schon bessere Tage gesehen hat. Das Erklimmen des oberen Bettes kommt einer akrobatischen Leistung gleich. Im Waggon ist es kalt, die Sauberkeit ist nicht gerade mustergültig, ganz zu schweigen vom Zustand der Toiletten.

An der polnischen Grenze ereilt uns eine zweimalige Kontrolle im Abstand von fünfzehn Minuten: eine Paß- und eine Zollkontrolle. Kontrollen sind im allgemeinen nie sympathisch, aber die Beamten waren dieses Mal dazu auch noch unhöflich. Zu unserem Glück haben uns die Kontrolleure wenigstens nicht geweckt, denn wir haben wegen der Kälte und des Gerumpels ohnehin kaum ein Auge zugetan. Manchmal

habe ich das Gefühl, der Waggon sei kurz davor, auseinander-
zufallen.

Unsere erste Station ist Warschau, wo wir uns mit polnischen Freunden treffen, die wir 1988 während einer Ferien-
reise in Ungarn kennengelernt haben. Warschau, die große
tosende Stadt, läßt uns kalt. Nichts verbindet uns mit ihr. Wir
wollen nur die Stätte des ehemaligen Warschauer Gettos auf-
suchen, und polnische Freunde bringen uns dorthin. Eine
kalte Sonne scheint an jenem Tag, als wir uns der Stätte nähern und neben dem Denkmal zur Erinnerung an den Auf-
stand im Warschauer Getto stehenbleiben, mit der Inschrift
»Das Volk Israel seinen Kämpfern und Märtyrern«. Stumm
stehen wir da, jeder in seinen eigenen Gedanken, jeder mit seinen eigenen Bildern vom Getto, wie er es irgendwann einmal
in Filmen gesehen, Beschreibungen gehört oder in Büchern
gelesen hat.

Von dort gehen wir zum einstigen Umschlagplatz, von dem
aus die Transporte in die Vernichtungslager geschickt wurden.
Auf der Gedenktafel sind hebräische Worte eingraviert, die
ich mit lauter Stimme vorlese, und unsere polnischen Freunde
lauschen dem Klang der fremden Sprache, die sie zum ersten
Mal hören: »Von hier aus wurden in den Jahren 1942/43 zur
Zeit der deutschen Besatzung über 300 000 Juden aus dem
Warschauer Getto auf einem Weg voller Leid und Qualen in
die Todeslager der Nazis geschickt.« Ich denke an meinen
Freund Israel Schahak, der als Kind im Warschauer Getto war
und danach im Lager Bergen-Belsen überlebte, an die Menschen, die diesen Ort auf ihrem Weg in den Tod passierten.

Und nach wenigen Minuten, wie es im Leben so ist, ent-
spinnt sich wieder eine alltägliche Unterhaltung mit unseren

Freunden, die uns in ihr Landhaus, eine Art Sommersitz, einladen. Doch der Umschlagplatz und das Denkmal bleiben in meinem Kopf haften.

Als wir aus Warschau abreisen, wendet sich am Bahnhof plötzlich ein junger Mann in klarem Hebräisch an mich: »Von wo aus fährt man hier nach Krakau?« In der gleichen Sekunde unterbricht ihn sein Freund: »Was fragst du denn diese Polin auf Hebräisch?« Ich erwidere sofort, zu beider Erstaunen, daß das tatsächlich meine Sprache sei, und weise ihnen den Weg. Es stellt sich heraus, daß die beiden israelische Touristen sind, die Krakau sehen wollen.

Die Fahrt nach Krakau dauert etwa zwei Stunden, und diesmal sind der Zug wie auch unser Waggon in ausgezeichnetem Zustand; wir werden sogar gratis bewirtet, wie im Flugzeug. Doch die polnischen Herbstlandschaften stimmen mich traurig.

Als wir in Krakau ankommen, ist Mieciu von einer Freude gepackt, als träfe er einen alten Freund aus vergangenen Tagen. Er vergleicht den heutigen Bahnhof damit, wie er vor dem Krieg aussah, als er auf seinem Weg von der Schule oft hier vorbeikam, um die Züge zu sehen. Gleich während der Fahrt im Taxi beweist er seine Ortskenntnis, und ich, die ich unter ausgesprochener Orientierungslosigkeit leide, bewundere ihn dafür.

Nachdem wir in einem alten, jedoch modernisierten Hotel abgestiegen sind, schön und komfortabel im Stadtzentrum, gehen wir auf den nahegelegenen Markt.

Es ist Europas größter Marktplatz, mit den Tuchhallen (Sukiennice), die ich noch so gut in Erinnerung habe, und der herrlichen Marienkirche vis à vis.

Am nächsten Tag ist der Besuch in dem Haus vorgesehen, in dem Mieciu geboren wurde, in der Bernardynska 9, das sich genau gegenüber der berühmten Königsburg, dem Wawel, befindet.

Auf dem Weg zu Miecius Haus gehen wir durch die Straßen, er deutet auf verschiedene Stellen, die er wiedererkennt, und zweimal dirigiert er Passanten, die ihn fragten, zu ihrem Bestimmungsort.

So erreichen wir jenes Haus, das eine Reihe von Miecius deutschen Freunden, die Krakau besucht haben, auf seine Bitte hin fotografiert haben. Wir öffnen das große Tor und betreten das Treppenhaus. Es ist irgendwie ein feierliches Gefühl für mich, eine weitere Annäherung an Miecius Kindheit.

Wir gelangen in den Hof, und er zeigt mir den Balkon samt der Tür, die in die Küche der Wohnung seiner Familie führte. Wir kehren ins Treppenhaus zurück, und ich bitte ihn darum, zu der Wohnung hinaufzugehen, uns bei den Mietern zu entschuldigen und zu erzählen, weshalb wir gekommen sind. Ich will unbedingt die Zimmer sehen, doch Mieciu weigert sich; dazu ist er nicht bereit. Er zeigt mir einen kleinen Garten hinter dem Haus, wo er mit den Nachbarskindern gespielt hat.

Miecius Stimme nimmt einen besonderen Klang an, als er mir die Stufen zeigt, die zu der Wohnung im ersten Stock führen. »Diese Stufen sind wir jahrelang rauf- und runtergestiegen, hier sind unsere Füße gegangen, stell dir das vor!«

Keiner der Nachbarn, die vor dem Krieg im Haus wohnten, lebt noch hier. Das Treppenhaus ist kalt und traurig, ungepflegt, nicht so wie vor dem Krieg, wie Mieciu bemerkt. »Hierher hat mich meine Mutter gebracht, nachdem sie mich geboren hatte, und auch meinen kleinen Bruder Arthur«, sagt Mieciu, und ich denke an die grausamen Schicksalsfügungen und an diesen Augenblick, in dem die Familie Langer gezwungen gewesen war, ihr Heim für immer zu verlassen. Wir scheiden von dem Haus, ohne einem seiner Mieter begegnet zu sein, und gehen zum Wawel hinauf.

»Hier haben wir immer Verstecken gespielt, und im Winter sind wir mit Schneeschuhen gelaufen. Ich war stolz darauf, gegenüber dem Wawel zu wohnen, dem wichtigsten Ort in Krakau, der weltbekannt ist«, sagt Mieciu.

Wir gehen in die Burg hinein, betrachten die Königsgräber, sehen von oben über die Mauer hinweg die Weichsel, in der Mieciu in seiner Kindheit gebadet hat. Er will mit dieser Geschichte am liebsten gar nicht wieder aufhören.

Als er den Laden identifiziert, der damals ein Lebensmittelgeschäft namens Krawus war, wo er von seinem Taschengeld immer abgewogenen Senf kaufte und ihn aus dem Papier schleckte, ist er ganz aufgeregt. Ein paar Meter weiter war das Haus der Zahnärztin der Familie, Frau Steinlauf, die Miecius Zähne behandelt und mit einem fußbetriebenen Bohrer bearbeitet hatte, während er völlig starr vor Angst auf dem Stuhl gesessen hatte.

Von dort aus setzen wir unseren Weg fort zur Bäckerei, die die Familie jeden Morgen mit Semmeln versorgte, und Mieciu erinnert sich, daß dort einmal ein Streik der Arbeiter ausbrach und er als Junge die Bedeutung nicht verstand.

Dann wandern wir zur Dietlowska-Straße weiter, in der Miecius Tante, die Schwester seines Vaters, gewohnt hatte. Es war eine sehr strenggläubige Familie, und sie richtete das

Pessachfest für alle Kinder der Familie von Miecius Vater aus, zwölf Cousinen und Cousins.

»Es war ein riesiger Tisch, ganz genau entsprechend der Tradition gedeckt, und wir freuten uns immer sehr auf die Zeremonie, weil wir alle zusammen waren und danach herumtoben konnten. Von den zwölf bin nur ich am Leben geblieben und noch ein Cousin, der in der Sowjetunion war. Die Tante und ihre Familienangehörigen sind im Holocaust umgekommen.«

In den folgenden Tagen gehen wir zur hebräischen Schule, die Mieciu besucht hatte, und danach zum jüdischen Internat, wo wir uns 1947 das erste Mal begegneten.

»Hier hat unser gemeinsamer Weg seinen Anfang genommen«, sagt er, und wir fotografieren uns am Eingang des Gebäudes, das nun eine polnische Lehreinrichtung ist, 49 Jahre nach unserer ersten Begegnung an diesem Ort.

Während unseres gesamten Aufenthalts in Krakau beeindruckt uns die Schönheit der Stadt, die alten Häuser der verschiedenen Stilepochen, der grüne Boulevard, Planty, der die ganze Stadt durchläuft und der uns gut in Erinnerung war. Als wir dort spazierengehen, gelangen wir an eine kleine Brücke, und Mieciu ruft mir ins Gedächtnis, daß er hier vor 49 Jahren ein Foto gemacht hat, als ich auf eben dieser Brücke stand. Ich erinnere mich an dieses Bild, an das nachdenkliche junge Mädchen. Er will mich auch jetzt auf dieser Brücke fotografieren, und ich erfülle ihm seine Bitte.

»Wir werden zwei Fotos haben, im Abstand von 49 Jahren, eines von einem siebzehnjährigen Mädchen und eines von einer sechsundsechzigjährigen Frau. Der Vergleich zwischen den beiden Bildern wird mich traurig machen«, sage ich.

»In meinen Augen bist du auch heute schön«, erwidert er, worauf ich lachend zu ihm sage, wie gut es für mich ist, daß er solche Augen hat…

In Israel und in Deutschland haben wir viel über die Renaissance des jüdischen Viertels, Kazimierz, gehört, und von dem berühmten jüdischen Restaurant Ariel, was bei Mieciu auf großes Interesse stößt. Wir besuchen den jüdischen Friedhof und die Synagoge, die äußerst gepflegt wirken, und als krönenden Abschluß gehen wir in besagtes Restaurant.

Hier erleben wir eine Enttäuschung. Das Essen, das typisch jüdisch sein soll, hat nur eine entfernte Ähnlichkeit mit dem, das wir kannten. Demgegenüber genießen wir während unseres ganzen Aufenthalts in Polen das uns wohlbekannte polnische Essen, und darüber hinaus den »klassischen« gefüllten Fisch, der uns ab und zu serviert wird.

Mieciu führt mich auch in die Karmelicka-Straszewskiego-Straße, wobei er sagt: »Wenn wir schon auf den Spuren unserer schönen gemeinsamen Vergangenheit wandeln, dann laß uns noch einmal das Kaffeehaus Akademicka anschauen, in dem wir immer getanzt haben.«

Als wir den Platz erreichen, stellt sich heraus, daß aus dem Kaffeehaus ein großes Textilhandelshaus geworden ist. Ich nutze die Gelegenheit, um mir einen warmen Mantel zu kaufen, denn ich leide unter der polnischen Septemberkälte, mit der ich in dem Maße nicht gerechnet habe.

Dabei erinnert mich Mieciu an einen Vorfall, der sich 1947 an eben diesem Ort zutrug, eine kleine Tragikomödie, deren Pointe ich erst nach unserer Heirat 1949 erfuhr.

Meine Mutter kam mich seinerzeit in Krakau besuchen, in das Internat, in dem ich und auch Mieciu wohnten. Es war ein Sonntag, und meine Mutter hatte beschlossen, daß wir unseren Verwandten in Krakau einen Besuch abstatten würden. Da ich keine große Lust hatte, allzulange bei ihnen herumzusitzen, andererseits meine Mutter schlecht allein lassen und einfach gehen konnte, entwarf ich mit Mieciu einen Plan für den weiteren Verlauf des Abends: Er würde mit seinem Freund Henek Geller ins Akademicka gehen und dort auf uns warten. Ich sollte in der Zwischenzeit meine Mutter und die Verwandtschaft überzeugen, mit uns zusammen in dieses Kaffeehaus zu gehen, und dann könnte Mieciu hin und wieder vorbeikommen und mich zum Tanzen auffordern. Die Verwandten wollten nicht mitgehen, aber es gelang mir, meine Mutter zu überreden, und so trafen wir beide in dem Kaffeehaus ein. – Soweit meine Geschichte.

Mieciu saß mit seinem Freund in einem Nebenraum, von dem aus man den Eingang beobachten konnte, und trank Saft. Ich wußte damals nicht, daß alles Geld, was er hatte, für zwei weitere Gläser Saft reichte, mehr nicht. Mieciu dachte, wir würden mit der Familie kommen, uns an einen eigenen Tisch setzen, und die Familie würde für die Bewirtung aufkommen. Als er mich nur in Gesellschaft meiner Mutter erblickte, begriff er, daß er die Aufgabe zu übernehmen hatte, uns einzuladen und für uns zu bezahlen, wie es sich zu jener Zeit, als die Emanzipation noch kaum Wurzeln gefaßt hatte, für einen Gentleman gehörte.

Er trat auf uns zu und lud uns mit einem breiten Lächeln im Gesicht in den Hauptsaal an einen großen Tisch ein, und auch sein Freund setzte sich dazu. Sofort tauchte ein Ober auf, Mieciu bestellte Torten, Kaffee und kalte Getränke, und wir ließen fast keinen Tanz aus. Ich war in gehobener Stimmung und konnte nicht ahnen, in welchen »Nöten« Mieciu sich befand. Nach etwa eineinhalb Stunden schlug meine Mutter, obwohl sie sich in unserer Gesellschaft äußerst wohl fühlte, vor, angesichts der bereits fortgeschrittenen Stunde nach Hause zu gehen. Mieciu bat sie, noch zu bleiben, denn er wollte den Augenblick des Bezahlens hinauszögern. Wie er mir Jahre später erzählte, stand er während des Tanzens unter starker Anspannung, er war sogar schon bereit, zu dem Ober hinzugehen und ihm seine Uhr als Pfand für eine Bezahlung am nächsten Tag zu geben, nachdem er sich das Geld geliehen hätte. Zu seinem großen Glück tauchte einer seiner Freunde, der normalerweise immer ein paar Groschen in der Tasche hatte, am Eingang auf. Mieciu entdeckte ihn, entschuldigte sich, ging für einen kleinen Moment aus dem Saal, und es gelang ihm, sich von diesem Freund Geld zu leihen, ohne daß es jemand bemerkte. Als der Moment des Zahlens gekommen war, schlug meine Mutter vor, unseren Teil zu begleichen, doch Mieciu lehnte dies nachdrücklich ab und bezahlte die gesamte Rechnung, zum Erstaunen seines Freundes, der wußte, wie wenig Geld Mieciu bei sich hatte. Wir lachten nicht nur einmal über diese Geschichte, die einem heutzutage so komisch vorkommt.

Meine Geburtsstadt ist Tarnow, unweit von Krakau, und Mieciu will unbedingt mit mir dorthin. Etwas in mir sagt mir, nicht zu fahren, diese Stadt nicht wiederzusehen, die heute so anders ist als die, die ich mir aus der Kindheit im Gedächtnis bewahrt habe. Es ist besser, sich an die Spaziergänge mit meinem geliebten Vater zu erinnern, den mir der Krieg entriß. Er starb in der Sowjetunion an Hunger und Krankheit, als ich vierzehn war, und der Schmerz über seinen Verlust wird mich für immer begleiten.

Wir fahren also nicht nach Tarnow.

Dies alles sind Stationen der Kindheit und der Liebe. Die Hauptaufgabe steht uns noch bevor – die Wohnorte der Familie nach der Vertreibung aus ihrem Haus aufzusuchen, in Podgòrze, einem Vorort jenseits der Weichsel, das Krakauer Getto und auch das Konzentrationslager in Plaszow. Mieciu hatte sie mir, wie gesagt, in seiner Jugend nicht gezeigt, und ich bin ihm dankbar, daß er es jetzt tut.

Am nächsten Tag fahren wir nach Podgòrze, um das Haus in der Smolki-Straße 18 anzuschauen, der ersten Station der Familie nach der Vertreibung. Von dort aus geht es weiter in die Gegend des ehemaligen Krakauer Gettos. Hier gibt es keinerlei Hinweise auf das, was dort einmal gewesen war, und so dient Mieciu nur die Erinnerung als Wegweiser. Er zeigt mir den Ort, an dem die Familie nach ihrem Umzug ins Getto wohnte. Das Haus steht nicht mehr, aber Mieciu erinnert sich noch genau an die Stelle. Er führt mich zur Krakusa-Straße, wo die größte Selektion im Getto stattgefunden hatte, Ende 1942, in deren Folge Massen in die Vernichtungslager abtransportiert wurden. Danach setzen wir unseren Weg zum ehemaligen Standort der Fabrik Optima fort, in der Uniformen für die Armee der Nazis genäht wurden und in der Mieciu gearbeitet hatte. Die ganze Zeit warte ich darauf, daß er mir das Versteck seines kleinen zehnjährigen Bruders Arthur zeigt, aus dem dieser 1942 ohne Wiederkehr verschwand. Mieciu sucht fieberhaft danach, doch auch jenes Haus gibt es nicht mehr. So zeigt er mir zumindest die Stelle, wo es einst gestanden hat, und danach auch den Marktplatz in Podgòrze, wo die Selektion stattfand, von der seine Mutter nie mehr zurückkehrte.

Von dort aus fahren wir mit dem Taxi ins ehemalige Konzentrationslager Plaszow.

Der Fahrer erzählt uns, daß das Lager jetzt häufig aufgesucht wird, da der Ort nach den Aufnahmen zu Steven Spielbergs Film »Schindlers Liste« berühmt geworden sei. »Dieser Film hat dem Tourismus sehr geholfen«, meint der Fahrer nüchtern. Seine Worte und der Ton, in dem er sie gesagt hat, bringen mich auf, doch, entgegen meiner Gewohnheit, erwidere ich ihm nichts darauf. Ich bereite mich seelisch auf das vor, was mich erwartet: der Ort, der dieser Familie, der ich so verbunden gewesen bin, und einer Unmenge von Menschen seinen Stempel aufgedrückt hat.

Vor uns erstreckt sich eine große leere Fläche. Der Fahrer erklärt uns, daß man hier wegen besagter Filmaufnahmen Barakken hingebaut und danach wieder abgerissen habe. Ein Zittern durchläuft meinen Körper, als ich die Gedenkstätte sehe und die Inschrift auf einer der Gedenktafeln lese: »Hier an diesem Ort wurden in den Jahren 1943 bis 1945 Zehntausende von Menschen, die aus Polen und Ungarn hierhergebracht wurden, ermordet, gemetzelt, verbrannt, dem Staub gleichgemacht. Wir kennen die Namen der Ermordeten nicht und setzen für ihre Namen das Wort ein: Juden.«

Und auf dem marmornen Denkmal steht geschrieben: »Huldigung für die Märtyrer, ermordet durch Hitlers Menschenmörder in den Jahren 1943–45«.

Ich stehe dort mit Mieciu, der in diesem Lager gewesen war, und sehe den Tod der anderen und seinen eigenen mit seinen Augen. Der kalte polnische Herbstwind peitscht mir ins Gesicht, und eine tiefe Trauer befällt mich um die Menschen, die an diesem grauenhaften Ort, von dem keine Spur außer den Gedenktafeln zurückgeblieben ist, ermordet wurden. Ich empfinde grenzenloses Mitleid mit den Opfern und ein Gefühl der Verbundenheit mit ihnen, auf immer und ewig. Mir wird auch die Ohnmacht der Worte auf den Denkmälern bewußt, wenn das Verbrechen derart unfaßbar ist.

Und damit endet das Eintauchen in die Vergangenheit.

Auf unserer Rückreise nach Tübingen fahren wir über Weimar, die Stadt Goethes, die Wiege der deutschen und europäischen Kultur. Als der Zug am Bahnhof hält, bemerkt Mieciu kurz: »Nur sechs Kilometer von hier befindet sich das Konzentrationslager Buchenwald, in dem ich gefangen war.«

Auch ich kann bis zum heutigen Tag nicht an Weimar denken, ohne mich gleichzeitig an Buchenwald zu erinnern.

2. Die Kindheit

Mieciu, der im Jahre 1927 in Krakau geboren wurde, verbrachte, wie er es ausdrückt, die ganz normale Kindheit eines Jungen aus einer säkularen jüdisch-polnischen Familie. Die jüdische Tradition spielte nur eine untergeordnete Rolle im Leben der Familie, auch wenn sie im Hintergrund existierte.

Der Junge besuchte eine hebräische Privatschule, in der die Unterrichtssprache Polnisch war. Hebräisch wurde als Fremdsprache gelehrt, in der auch das Fach Religion unterrichtet wurde.

»Ich kam in den Genuß von zwei freien Tagen in der Woche, dem Shabbat und dem Sonntag, was die Kinder in den polnischen Schulen nicht hatten, und darüber war ich sehr erfreut.«

Seine Eltern schickten ihn auf diese Schule, um ihm mögliche antisemitische Übergriffe zu ersparen, wie sie ihm erklärten. Er hatte einen vier Jahre jüngeren Bruder, Arthur.

»Als unser Sohn Michael klein war, hat mich sein Aussehen manchmal an Arthur erinnert«, sagt Mieciu.

Sein Vater war Direktor einer Gummiwaren-Firma, die die deutsche F.W. Schweikert-Gummiwaren Fabrik GmbH vertrat, deren Sitz in Lodz war.

Der Lebensstandard der Familie war angemessen. Sie hatten eine Haushaltshilfe, was zu jener Zeit eine Art Statussymbol darstellte. Die Wohnung hatte nur zwei Zimmer, aber man bereitete sich darauf vor, in Bälde in eine geräumigere Wohnung umzuziehen.

Die Beziehungen mit den polnischen Nachbarn in der Bernardynska-Straße waren korrekt, mehr weiß Mieciu darüber heute nicht zu sagen. Der Familie Langer begegnete keine Art von Antisemitismus, von welcher Seite auch immer. Mieciu fühlte sich in jeder Hinsicht als polnischer Patriot. Der Antisemitismus traf dennoch einen entfernteren Verwandten: Miecius Cousin, Student an der Krakauer Universität, wurde von polnischen Antisemiten während der anti-jüdischen Unruhen an der Universität im Jahre 1938 so schwer zusammengeschlagen, daß er ins Krankenhaus eingeliefert werden mußte.

Die Familie pflegte jedes Jahr die Ferien während der Sommermonate außerhalb der Stadt zu verbringen. Man mietete eine Wohnung bei polnischen Bauern. Während dieser Zeit spielte Mieciu immer mit den polnischen Kindern.

Die Kindheitsprobleme, an die sich Mieciu erinnert, waren eigentlich Probleme, die seine Eltern hatten und die damit zusammenhingen, daß Mieciu nicht gerne aß. Seine Mutter führte einen regelrechten Kampf, um ihn zu füttern, zuweilen vergebens, was in der Magerkeit seines Körpers zum Ausdruck kam. Es ist anzumerken, daß zu jener Zeit unter einem ordentlich aufgezogenen Kind ein wohlgenährtes und körperlich gesundes verstanden wurde; sonst bestand der Verdacht, daß die Mutter es nicht ausreichend versorgte.

In den Jahren des Hungers, die später kamen, erinnerte sich Mieciu an jene Zeit des Essensüberflusses mit Sehnsucht und Verständnislosigkeit. Wie war es überhaupt möglich gewesen, Essen zu verweigern ...?

Mieciu besitzt keine Fotos aus seiner Kindheit. Alles wurde vernichtet. Und so kann ich ihn mir nur vorstellen, diesen mageren Jungen mit den grünbraunen Augen, dem schwarzen, welligen Haar, wie er auf dem Wawel spielt, mit seinen Freunden Lausbubenstreiche anstellt, lacht und weint, die Stufen in der Bernardynska-Straße hinaufspringt, mit seiner Mutter um das Essen feilscht ...

»Rückblickend kann ich sagen, daß ich eine glückliche Kindheit hatte. Ich bin in familiärer Wärme und in einer liebevollen Atmosphäre aufgewachsen«, sagt Mieciu.

Krakau, Bernardynska 9: Hier wohnte Mieciu vor dem Krieg

3. Der Krieg

Am 1. September 1939 brach der Krieg aus, die Deutschen fielen in Polen ein. Mieciu war damals zwölf Jahre und zwei Monate alt. Der Gang zur Schule entfiel, im Radio begann man alle möglichen geheimen Parolen für die polnische Armee zu senden und Verlautbarungen über feindliche Angriffe. Die Stadt Krakau wurde glücklicherweise nicht bombardiert, mit einer Ausnahme, als der Versuch unternommen wurde, den Radiosender Dembniki jenseits der Weichsel zu treffen.

»Mir ist in Erinnerung, daß ich mich während dieses Bombardements in Hochstimmung befand, weil etwas Außergewöhnliches und Interessantes passierte. Ich preßte mich an die Fensterscheibe, bis mich meine Mutter von dort verjagte«, erzählt Mieciu.

Zu dieser Zeit begann ein großer Teil der Krakauer Juden mit der Flucht in Richtung Sowjetunion. Miecius Vater und sein Bruder Adolf beschlossen, daß die gesamte Familie in Krakau bleiben sollte. Sie hatten zuvor einige Jahre in Berlin gewohnt und gearbeitet. Sie behaupteten, daß die Geschichten über die Grausamkeiten der deutschen Nazis stark übertrieben seien. Beide hatten die Deutschen als Menschen mit Kultur und hoher Moral kennengelernt. »Es ist unmöglich, daß sich ein solches Volk derart verändern kann«, sagten sie.

Einer der polnischen Nachbarn der Familie Langer, der bei der Post arbeitete, ließ wissen, er könne einen Pakettransporter besorgen, und schlug ihnen und auch anderen Nachbarn vor, in Richtung Sowjetunion zu fliehen. Miecius Vater wies den Vorschlag mit allem Nachdruck zurück.

Genau zur gleichen Zeit, ich war noch keine neun Jahre alt, verlieh mein Vater in der nahen Stadt Tarnow seiner entschiedenen Überzeugung über die Nazis und den deutschen Faschismus Ausdruck – trotz der Existenz von Schiller und Goethe. Er erklärte, daß er die Nazis sehr fürchte und nicht unter ihrer Obhut bleiben würde. Wir ließen alles zurück und flohen in Richtung Sowjetunion.

Ich bemerke Mieciu gegenüber, daß ich den Eindruck habe, er hätte überhaupt keine Angst vor dem Krieg gehabt, und er erwidert, daß er nicht nur keine Angst hatte, sondern sich in regelrechter Euphorie befand, sowohl wegen der Ferien von der Schule als auch, weil alles geheimnisvoll und neuartig war, hauptsächlich aber wegen der »Action«, die die entstandene Situation mit sich brachte.

»Die erste Begegnung mit den deutschen Soldaten war herzlich, so merkwürdig sich das anhört. Sie stationierten sich auf dem großen Platz neben dem Wawel gegenüber unserem Haus. Es war eine Einheit von Soldaten der Wehrmacht. Neugierig, wie Kinder eben sind, begannen wir, zwischen den Soldaten herumzurennen, und ihr Verhalten uns gegenüber war höchst freundschaftlich. Sie gaben uns aus ihrer Feldküche Eintopf zu essen, und ich, der schrecklich schlechte und heikle Esser, aß mit Appetit«, erzählt er.

Die Idylle fand nach zwei Tagen ihr jähes Ende, als Mieciu auf dem Krakauer Boulevard spazierenging. Plötzlich gewahrte er eine große Zahl orthodoxer Juden mit Bärten und Schläfenlocken bei der Arbeit, die Gräben zuzuschaufeln, die von der polnischen Bevölkerung entlang dem Boulevard zum Schutz gegen Luftangriffe gegraben worden waren. Die deutschen Soldaten schlugen die Juden beim Arbeiten mit Gewehrkolben, traten sie, schrien sie an. Er erlebte auch Fälle, in denen die Soldaten Juden eine Schläfenlocke oder den halben Bart abschnitten, um sie zu erniedrigen und ihre religiösen Gefühle zu verletzen. »Ich war erschüttert, als ich das sah, und habe angefangen, mich vor den deutschen Soldaten schrecklich zu fürchten.«

Die Erschütterung seines Vaters und seines Onkels war noch größer. Nach zwei Wochen begriffen sie, daß sie einem schwerwiegenden Irrtum erlegen waren, als sie an die Anständigkeit und Moral jener geglaubt hatten, die diesen Glauben nicht verdienten.

Tag für Tag fingen die Deutschen orthodoxe Juden ein, deren Kleidung ihre Identität preisgab. Sie wurden für alle möglichen schweren Arbeiten eingesetzt und einfach zum Gespött gemacht.

Nach etwa eineinhalb Monaten wurde der Befehl veröffentlicht, der alle Juden ab dem Alter von zehn Jahren zum Tragen eines weißen Bandes mit einem blauen Davidstern verpflichtete, damit man sie bereits von weitem erkennen konnte. Wer keinen Davidstern anlegte, hatte mit schweren Strafen zu rechnen.

Die Prozedur zur Arbeitsaushebung – bereits damals Zwangsarbeit – war einfach: Ein Lastwagen in Begleitung einiger Soldaten auf Motorrädern bezog Position auf einer Straße. Juden, auch Kinder, wurden aufgegriffen und verladen. Mieciu zählte auch einige Male zu ihnen. Ihm wurde befohlen, ver-

faulte Kartoffeln auszusortieren, schwere Arbeiten in den Mi-
litärkrankenhäusern zu verrichten oder im Winter Straßen
vom Schnee freizuräumen, wovon ihm die beißende Kälte,
die er damals in seinen gefrorenen Fingern spürte, in Erinnerung geblieben ist.

So endete Miecius Kindheit, im Alter von zwölf Jahren.

4. Die Enteignung

Etwa zweieinhalb Monate nach dem Einzug der Deutschen in Krakau wurde der Befehl ausgegeben, daß alle Juden, die in Krakau in einer Gegend wohnten, die mehrheitlich von Polen besiedelt war, ihre Wohnungen zu verlassen und entweder in das Viertel Kazimierz oder nach Podgòrze, auf der anderen Seite der Weichsel, zu ziehen hatten.

Auf meine Frage hin, welchen Eindruck das damals auf ihn gemacht habe, antwortet Mieciu, er erinnere sich nicht mehr daran. Wenn er an diese Willkür und Enteignung in Begriffen von einfacher Gerechtigkeit denke, könne er sich vorstellen, was damals seine Eltern empfunden haben mußten.

Die Familie fand in Podgòrze eine Wohnung in dem Haus in der Smolki-Straße, in dem Miecius Onkel, der Bruder seiner Mutter, mit seinen beiden Söhnen lebte.

Auf meine Frage, ob sie eine, wie auch immer geartete Solidarität seitens der polnischen Nachbarn zu spüren bekamen, als die Familie gezwungen wurde, die Wohnung zu verlassen, erwidert er, ihm sei keinerlei Reaktion in Erinnerung, und hätte es von ihrer Seite irgendeine Solidaritätsbekundung gegeben, so hätten seine Eltern dies ganz gewiß ihm gegenüber erwähnt.

In der Tat, das Haus in der Smolki-Straße beherbergte keine Gerechten, und das war leider kein Einzelfall.

Zu dieser Zeit hielten ein paar von den Lehrern, die Mieciu in der Schule unterrichtet hatten, Kurse in Privatwohnungen ab, damit die Kinder nicht ganze Jahre des Lernens einbüßten. »Zum ersten Mal in meinem Leben genoß ich den Unterricht und wußte seinen Wert zu schätzen.«

Nach wenigen Monaten entließ die Firma Schweikert Miecius Vater gemäß den Anweisungen der Deutschen, denen zufolge es verboten war, Juden zu beschäftigen. Ebenso durften Juden keine Geschäfte mehr leiten. Der Vater erhielt ein hervorragendes Empfehlungsschreiben von Schweikert, das ihm später auch half. Die Firma selbst wurde einer Treuhandgesellschaft übergeben. Mit dieser deutschen Order, die nur ein Glied in der Kette der Entrechtung war, wurde der schicksalhafte Schritt der Enteignung jüdischen Besitzes eingeleitet. Der Vater war gezwungen, Gelegenheitsgeschäfte zu tätigen, um die Familie zu ernähren.

Podgòrze war nur die erste Stufe der Enteignung und Vertreibung. Gemäß einer neuen deutschen Verordnung, die die Juden schockierte, sollte das ganze Gebiet Krakau, samt seiner Vororte, »judenrein« werden. Juden wurde es untersagt, in der Stadt zu wohnen, ebenso in einem Umkreis von zwanzig Kilometern.

Miecius Vater fand ein Zimmer bei einem polnischen Bauern in dem Städtchen Prokocim bei Krakau, und die Familie zog dorthin. Sie hatten kein Geld für eine größere Wohnung und waren gezwungen, den Großteil der Möbel zu verkaufen, denn in dem kleinen Raum war kein Platz für alle Sachen. Alles wurde für sehr wenig Geld an polnische Bauern verkauft.

Die Bauern kamen immer auf den Markt in der Stadt, um ihre Waren anzubieten, andere streiften durch die Straßen und sahen sich die Anschläge an den Hauseingängen an, die bekanntgaben, daß eine Wohnung aufgelöst würde und man die Einrichtung kaufen könne. Es war vollkommen klar, welche Bedeutung eine solche Wohnungsauflösung hatte: Es war eine Art Saisonschlußverkauf. Die bedrängten jüdischen Verkäufer entledigten sich ihrer Besitztümer, und die polnischen Käufer erwarben sie zum Gelegenheitspreis, sozusagen als Schnäppchen.

»In dem Zimmer in Prokocim war es sehr eng für uns vier, doch wir wußten nicht, daß wir uns später noch nach diesem einen Raum sehnen würden«, erzählt Mieciu.

Er arbeitete auf einem Landgut und erhielt seinen Lohn in Naturalien. Noch war kein wirklicher Mangel spürbar.

In dieser Zeit begegneten ihm die Polen im Ort, mit denen er Kontakt hatte, freundlich. Für sie waren die Vermietungen an Juden ein lohnendes Geschäft.

Nach dem Krieg wurde bekannt, daß die Polen sehr unter den Folgen der Besetzung durch die Nazis zu leiden gehabt hatten und es viele gab, die unter Gefährdung ihres eigenen Lebens Juden gerettet haben. Mieciu machte diese Erfahrung nicht.

Inzwischen war es vorbei mit den Freuden des Lernens. Sowohl die Lehrer als auch die Schüler hatten sich in alle möglichen Gegenden zerstreut, und der Unterricht war eingestellt worden.

1941 wurden die polnischen Juden in Gettos deportiert. Das Bild zeigt das Warschauer Getto.

5. Das Getto

Sehr schnell stellte sich heraus, daß Prokocim nur eine Zwischenstation in Richtung Getto war. Zu Beginn des Jahres 1941 erhielten alle Juden den Befehl, daß sie bis Ende März ins Getto umgezogen sein mußten, das für sie in Krakau eingerichtet worden war. Das Getto, gelegen auf dem Gebiet eines Vorortes, war teilweise von einer drei Meter hohen Mauer umgeben und – wo es keine gab – von einem Stacheldrahtzaun in gleicher Höhe. Es hatte vier Eingänge, die von deutscher Schutzpolizei bewacht wurde, unterstützt von einer litauischen und einer ukrainischen Sondereinheit.

Den Langers wurde ein kleiner Raum in einer Zwei-Zimmer-Wohnung zugewiesen. Im größeren Zimmer wohnte eine fünfköpfige Familie. Miecius Vater erhielt Arbeit in der Fabrik Optima, und zwar in der Sattlerei. Die Firma produzierte vor dem Krieg Schokolade, und während des Krieges wurden Militäruniformen genäht und ausgebessert. Der Vater verschaffte nach einiger Zeit auch Mieciu in dieser Firma eine Beschäftigung als Bürobote. Die Firma Optima war etwa 150 Meter von der Gettomauer entfernt, das heißt auf der »arischen« Seite gelegen, und die Arbeiter gingen unter Bewachung zur Arbeit.

Miecius Mutter fand in der Fabrik Madritsch, die Unterwäsche herstellte, eine Arbeit. Herr Madritsch, der österreichischer Abstammung war, stand in dem Ruf, ungewöhnliche Anstrengungen zu unternehmen, um den Arbeitern in seinem Betrieb zu helfen.

Die Gettos (hier das in Lodz) wurden hermetisch abgeriegelt

Das Getto war eine Art großes Gefängnis und das Gefühl des Eingesperrtseins äußerst quälend, doch Mieciu wußte nicht, daß das erst der Anfang war.

Die Deutschen führten ab und zu Razzien durch, und bei jeder dieser Razzien verschwanden einige hundert Menschen, die zu einem unbekannten Bestimmungsort gebracht wurden. Den Juden erklärte man, daß die Razzien dazu bestimmt seien, die Enge im Getto zu vermindern. Doch die Wirklichkeit widersprach ganz und gar dieser Erklärung: Nach jeder Razzia verkleinerten die Deutschen die Fläche des Gettos um ein oder zwei Straßen; sie wurden ausgegliedert, und das Gedränge im Getto blieb nach wie vor bestehen.

Es liefen Gerüchte um, daß Leute in Arbeits- oder Vernichtungslager gebracht wurden. Man sprach damals bereits ganz klar davon, daß man Juden mit Gas tötete.

Die Familie Langer war im Zuge einer Verkleinerung des Gettos gezwungen, ihr Zimmer zu verlassen, und siedelte an einen anderen Ort über, der Getto B genannt wurde und sich aus ein paar alleinstehenden Häusern jenseit der Hauptstraße zusammensetzte. Sie zogen in eine Fünf-Zimmer-Wohnung, die von fünfzig bis sechzig Menschen bewohnt wurde. Die sanitären Verhältnisse waren verheerend. Mieciu mußte auf einem Tisch schlafen, und er erinnert sich noch heute an die Flohbisse, unter denen er damals zu leiden hatte.

Irgendwann im Frühling 1942 veranstalteten die Deutschen eine Großrazzia unter der Bezeichnung »Runder Stempel«. Jeder mußte in seinem Personalausweis einen besonderen Stempel vom Arbeitsamt vorweisen können, der seine Beschäftigung und seinen Arbeitsort nachwies. Wer einen solchen Stempel nicht präsentieren konnte, und das waren viele, war verpflichtet, sich an einem bestimmten Tag an einem Platz namens Plac Zgody einzufinden. Es verstand sich, daß die Menschen von dort an einen unbekannten Ort verschickt wurden.

Diese Razzia erbrachte für die Deutschen jedoch nicht das gewünschte Ergebnis, da aus Angst nur wenige, wie befohlen, dort auftauchten. Angesichts dessen verhängte man eine drei-tägige Ausgangssperre über das Getto. SS-Leute begannen zusammen mit dem jüdischen Ordnungsdienst die Häuser nacheinander zu durchkämmen und die Ausweise der Bewoh-ner zu kontrollieren. Während der ganzen Zeit waren die Deutschen in Autos und der jüdische Ordnungsdienst zu Fuß mit Lautsprechern unterwegs und befahlen den Leuten, die sich versteckt hielten, hervorzukommen und sich am Plac Zgody aufzustellen. Sie gaben bekannt, wer versteckt aufge-funden würde, würde auf der Stelle getötet werden.

Natürlich verließen nur wenige, wie befohlen, ihr Versteck: Die Deutschen begannen mit der Durchsuchung von Kellern und Speichern und anderen Schlupfwinkeln. Viele Menschen wurden getötet, nachdem sie entdeckt worden waren, doch es gab auch welche, die nur geschlagen und dann zum Plac Zgody abgeführt wurden. Das hing davon ab, wer sie fand. Miecius Familie war im Besitz des rettenden Stempels, ausge-nommen Arthur, doch diese Aktion zielte nicht auf Kinder ab.

»Im Laufe der Ausgangssperre hörten wir häufig Schüsse von besagtem Sammelpunkt, doch wir wußten nicht genau, was das zu bedeuten hatte. Erst nach der Razzia erfuhren wir von Augenzeugen, die an dem Platz in den umliegenden Häusern wohnten, daß den Menschen, die man dorthin brachte, befohlen wurde, sich auf den Boden zu setzen, in ordentlichen Reihen, und ständig liefen SS-Offiziere durch die Reihen, die von Zeit zu Zeit, ohne irgendeinen ersichtlichen Grund, ihre Pistole zogen und einen oder zwei von den auf dem Boden Sitzenden erschossen«, berichtet Mieciu.

Nach einigen Monaten, gegen Herbst, wurde die größte und perfekt durchorganisierte Razzia abgehalten, die sogenannte »Blauzettelaktion«. Der blaue Zettel war ein Dokument, das vom Arbeitsamt ausgestellt worden war und einen Stempel trug, der sich zu einem Teil auf diesem blauen Zettel und zum anderen auf der Kennkarte befand. Allein der Stempel im Ausweis bewahrte einen nicht davor, auf einen Transport geschickt zu werden, so wie es noch bei der Aktion »Runder Stempel« der Fall gewesen war.

Alle Bewohner erhielten den Befehl, sich am festgesetzten Tag an verschiedenen Punkten des Gettos, ihrem jeweiligen Arbeitsplatz zugeordnet, einzufinden. Miecius Mutter mußte am Markt von Podgòrze erscheinen, sein Vater und er selbst in der Krakusa-Straße. Das Hauptproblem war, wie man Arthur retten sollte. Er war erst zehn Jahre alt und hatte keinen Arbeitsplatz.

Miecius Vater besaß einen Freund aus der Schulzeit namens Sonnenschein, der im Getto A wohnte. Seine Wohnung befand sich im Erdgeschoß, und die Fenster seines Zimmers gingen auf den Hof hinaus. Der Vorzug des Mannes bestand darin, daß sein Sohn Offizier im jüdischen Ordnungsdienst war, und an seiner Tür hing ein Schild, das dies bewies. Solche Wohnungen betraten die Leute von der SS und der Gestapo normalerweise nicht.

Die Familie Langer brachte Arthur dorthin, steckte ihn – versorgt mit einigen Brotscheiben – ins Bett unter eine Decke und ließ ihm ein paar Luftlöcher. Er erhielt klare Anweisungen, sich nicht zu rühren, auch wenn jemand an die Tür oder ans Fenster klopfen oder schreien sollte. Er hatte auf das Eintreffen der Familie nach Beendigung der Razzia zu warten. Mieciu und seine Eltern waren sicher, daß der Junge den Anweisungen gehorchen würde, denn er war verständig und intelligent.

Bei der Selektion, die in der Krakusa-Straße stattfand, wurde Mieciu von seinem Vater getrennt, nachdem man die Menschen nach den Sparten, in denen sie arbeiteten, einteilte. Die Selektion selbst sah so aus: Eine große Gruppe von Soldaten der SS samt Offizieren standen vor Ort und trennten zwischen den Leuten, indem sie einem Teil befahlen, nach links hinauszutreten, und einem anderen, weiterzugehen.

»Ich sah, daß die, die nach links gingen, von der SS umzingelt wurden, und ich begriff, daß sie zum Transport bestimmt waren. Ich war sehr mager, noch nicht vom Hungern, sondern einfach wegen meines Körperbaus. Ich hegte die begründete Befürchtung, auf den Transport geschickt zu werden, und das wegen dem Aussehen der Leute, die die Deutschen aussonderten, denn sie wirkten körperlich schwach. Als ich bei dem Offizier ankam, der die Selektion vornahm, wandte plötzlich der deutsche Generaldirektor von Optima seinen Kopf in meine Richtung. Er kannte mich, denn kraft meiner Aufgabe als Botenjunge war ich von Zeit zu Zeit mit einem speziellen Passierschein in sein Büro im ›arischen‹ Teil der Stadt gekommen und hatte ihm allerlei Dokumente zum Unterschreiben gebracht. Als er mich erblickte, sagte dieser Mann zu dem SS-Offizier: ›Diesen Jungen brauche ich.‹ Auf diese Weise kam ich zu dem Teil, der nicht zum Transport bestimmt war, und wurde in einer Gruppe unter Bewachung zum Optima-Gebäude gebracht. Dieser Direktor hat in jenem Moment mein Leben gerettet«, so Mieciu.

In der Fabrik erfuhr er, daß es auch seinem Vater gelungen war, die Selektion unbeschadet zu überstehen, doch Mieciu konnte ihn nicht sehen, denn er war in der Abteilung eingesperrt, in der er arbeitete. Am Abend, nach Beendigung der Aktion, wurden die verbliebenen Menschen ins Getto zurückgebracht und zerstreuten sich in ihre Häuser. Mieciu ging, wie es zuvor ausgemacht worden war, zum Haus von Herrn Sonnenschein, wo er seinen Vater traf. Dessen Gesicht war tränenüberströmt, denn er hatte schon erfahren, daß die Mutter zum Transport geholt worden war, und von Arthur fand sich keine Spur. Das Fenster, das zum Hof hinausging, stand offen, das Bettzeug war zerwühlt, und auch die Brotscheiben waren verschwunden. Es gab keinerlei Anzeichen dafür, daß das Fenster oder die Tür mit Gewalt geöffnet worden waren.

»Bis heute weiß ich nicht genau, was mit Arthur passiert ist. Erst nach Prüfung der verschiedensten Möglichkeiten gelangten ich und Vater zu folgendem Schluß: Mutter hatte sich am Plac Zgody einzufinden und mußte dazu an der Wohnung von Herrn Sonnenschein vorbei, die auf dem Weg lag. Sie hörte unterwegs die Deutschen, die über Lautsprecher verkündeten, das Getto würde ›judenrein‹ gemacht, und wer sich verstecke und gefaßt werde, würde auf der Stelle getötet. Sie beschloß offenbar, ihren Jungen mit sich zu nehmen, trat in den Hof des Hauses, klopfte an die Fensterscheibe und rief seinen Namen. Als Arthur die Stimme seiner Mutter hörte, verließ er das Bett, kletterte durchs Fenster hinaus und ging mit ihr. Wie wir gerüchteweise erfuhren, wurde dieser Transport vom Krakauer Getto nach Treblinka geschickt, einem Vernichtungslager.«

Damit endeten Miecius Worte. Ich unterbreche das Schreiben, denn ich kann nicht mehr. Ich bin nicht nur eine Chronistin, das war ich nie. Ich schreibe die Geschichte aus Miecius Mund heute auf, doch obwohl ich sie bereits gehört habe, kann ich die Tränen des Leids und Schmerzes über dieses Leben, das nicht mehr ist, über den letzten Weg dieses Jungen und seiner Mutter nicht zurückhalten. Ich habe sie schon viele Male in meinem Herzen betrauert und tue es jetzt wieder.

Miecius Augen bleiben trocken. Er hat auch damals nicht geweint, als er seinen Vater traf, der ihm mit tränenüberströmten Gesicht die Hiobsbotschaft überbrachte. Die große Trauer kam erst zwei Wochen später, als Vater und Sohn die Sachen von Arthur und der Mutter sortierten. Da brachen alle Dämme, und Mieciu begann zu weinen.

Mieciu blieb kein einziges Foto von seiner Mutter und Arthur. Dies war schließlich auch die Absicht der Barbaren, das Leben und jede Erinnerung daran auszulöschen. Es fällt ihm schwer, mir seine Mutter zu beschreiben, an deren Gesichtszüge er sich nur verschwommen erinnert. Meine Mutter hat Mieciu wie ihren eigenen Sohn geliebt. Unser Sohn Michael hat ihn in der Kindheit an Arthur erinnert.

Wieviel ihm sein Bruder Arthur bedeutet hat, begriff ich in Israel: Er sah einmal im Telefonbuch den Namen »Arthur

Langer«. Es entbehrte jeglicher Logik, daß dies sein Bruder sein sollte, der die ganzen Jahre geschwiegen hatte, aber einen kleinen Funken Hoffnung hegte Mieciu dennoch. Die tiefe Enttäuschung, als er herausfand, daß es sich um einen fremden Menschen handelte, stand ihm ins Gesicht geschrieben...

Mieciu bittet mich, das Thema zu wechseln. Auch das ist typisch für ihn, vielleicht liegt darin eines der Geheimnisse begraben, weshalb er am Leben geblieben ist.

»Im Getto verliebte ich mich zum ersten Mal, ich war fünfzehn. Neben dem ganzen Grauen, Tod und Verlust erfuhr ich so auch das Leben eines ganz normalen Jugendlichen. Ich erinnere mich noch an die herbe Enttäuschung, als das Mädchen einen anderen vorzog...«

Die Verbindung mit der Welt außerhalb des Gettos lief über Leute, die aufgrund irgendeiner Funktion eine Ausgangsgenehmigung für die »arische« Seite besaßen. »Wir nährten uns von Gerüchten. Es war verboten, ein Rundfunkgerät zu haben oder auch nur zuzuhören. Zu meinem Glück interessierte ich mich damals nicht für Politik und vermißte das Radio daher nicht. Die allgemeine Hoffnung war, Deutschland würde im Krieg eine Niederlage erleiden. Wir hatten natürlich keine Ahnung, wie oder wann«, erzählt Mieciu.

Nach der Aktion, bei der seine Mutter und sein Bruder aus dem Getto abtransportiert worden waren, wurde Getto B liquidiert, und Mieciu und sein Vater kamen ins Getto A in eine riesige Wohnung in der Jozefinska-Straße. Diese Wohnung war so überfüllt, daß sie nur mit Mühe einen Platz zum Schlafen auf dem Boden fanden.

Sie wußten, daß acht Kilometer von Krakau entfernt, in Plaszow, seit Ende 1942 ein Lager gebaut wurde, das die Deutschen Arbeitslager nannten. Im März 1943 gaben die Deutschen bekannt, daß alle Einwohner des Krakauer Gettos in dieses Lager umgesiedelt würden. Ein Teil, darunter auch Mieciu und sein Vater, wurde sofort per Lastwagen dorthin gebracht. Sie nahmen ihre persönlichen Habseligkeiten, das absolute Minimum, mit. Und sie hatten Glück, beim ersten Transport dabeigewesen zu sein, denn ein anderer Teil war zu weiteren Schrecken verurteilt, die sich während der Auflösung des Gettos abspielten.

Mit Auflösung des Gettos wurde allen Offizieren des jüdischen Ordnungsdienstes erlaubt, mit ihren Familien in Krakau zu bleiben, im »arischen« Teil der Stadt, als Belohnung ihrer treuen Dienste für die Deutschen.

Einzelheiten über die Liquidation des Gettos und alles, was damit verbunden war, erfuhr Mieciu von denen, die nach ihm im Lager Plaszow ankamen.

Am 13. März wurde der Befehl zur völligen Auflösung des Gettos und Überstellung der Juden nach Plaszow gegeben. Der Befehl beinhaltete das Verbot, Kinder unter vierzehn Jahren mitzunehmen. Man versprach, die Kinder später nach Plaszow zu bringen, in Baracken, die eigens für sie gebaut würden. Solange müßten die Kinder in einem Heim bleiben, das einige Monate zuvor im Getto eingerichtet worden war. Die Eltern waren damals über das Heim sogar froh gewesen, da ihre Kinder dort interessante Beschäftigungen fanden, und kein Mensch hatte vermutet, daß es nur darum ging, die Wachsamkeit der Eltern vor und während der Auflösung des Gettos einzuschläfern.

Den Menschen wurde befohlen, sich vor dem Ausgangstor des Gettos zu sammeln, um sich von dort auf den Marsch nach Plaszow zu machen. Ein Teil der Leute, die sehr kleine Kinder hatten, packten sie in ihre Rucksäcke, nachdem sie ihnen ein Schlafmittel gegeben hatten, und schmuggelten sie auf diese Weise erfolgreich aus dem Getto. Es gab auch einige wenige, denen die Flucht auf die »arische« Seite gelang. Manche wagten es, ihre Kinder trotz des Verbots mitzunehmen, doch die Deutschen entrissen sie ihnen mit Gewalt, und die Eltern wurden fast zu Tode geprügelt. Es spielten sich herzzerreißende Szenen ab, als die von ihren Eltern gewaltsam getrennten Kinder außer sich vor Angst am Stacheldrahtzaun standen und ihre Eltern unter Tränen anflehten, sie nicht zu verlassen.

Die Deutschen gaben den Befehl aus, daß alle, die im Krankenhaus lagen, in ihren Betten zu bleiben hatten. Das jüdische Krankenhauspersonal überbrachte den Patienten die Anweisung, schlug jedoch vor, daß jeder, der nur irgendwie in der Lage dazu war, das Krankenhaus verlassen sollte, da die Deutschen offenbar beabsichtigten, die Kranken zu liquidieren. Menschen, die sich nach einer Operation kaum auf den Beinen halten konnten und hohes Fieber hatten, verließen das Krankenhaus und schlossen sich denen an, die nach Plaszow marschierten. Sie mußten sich außerordentlich anstrengen, um mit aufrechtem Rücken das Tor zu passieren, damit die Deutschen ihren geschwächten Zustand nicht erkannten.

Am nächsten Tag begann das Morden. Eine Menge von SS-Leuten traf im Getto ein, das einer Festung glich. Bei den Ermordungen zeichnete sich SS-Oberscharführer Albert Hujar aus. Er tötete jeden Juden, der seinen Weg kreuzte. Er drang ins Krankenhaus ein, beseitigte den Wächter und seinen Hund, und begann, von Bett zu Bett zu gehen und die Kranken mit seiner Pistole zu erschießen. In einem der Zimmer lag eine Frau namens Dr. Berger, die sich das Bein gebrochen hatte, als sie versucht hatte, mit ihrem Säugling in den Armen aus dem Getto zu fliehen. Sie wurde gefaßt, man entriß ihr das Kind, sie verlor das Bewußtsein und wachte im Krankenhaus wieder auf. An ihrem Bett saß ihre Freundin, die Ärztin Dr. Blau, die aus Solidarität beschlossen hatte, die Kranken nicht zu verlassen und im Krankenhaus zu bleiben.

Hujar befahl Dr. Blau, aufzustehen und hinauszugehen. Sie erwiderte ihm, sie wisse, daß er gekommen sei, um sie zu töten, und er könne dies ebensogut von vorne tun. Hujar erschoß sie, was ihn für den Moment offenbar zufriedenstellte, denn er befahl einem Mann von der SS, der neben ihm stand, Dr. Berger ins Krankenhaus nach Plaszow zu schaffen. Dr. Berger beging dort nach einiger Zeit Selbstmord, da sie den Verlust ihres Kindes nicht verwinden konnte.

Dann kamen die im Getto verbliebenen Kinder im Heim an die Reihe. Lastwagen fuhren am Kinderheim vor, und die Deutschen begannen, sie mit den Kindern zu beladen. Kleinere wurden zu mehreren in Körbe gesteckt und so verfrachtet. Die Lastwagen fuhren zu einer Sackgasse, wo man die Kinder auslud und umbrachte.

Die Leute von der SS fanden eine Reihe älterer Personen, über sechzigjährige, die sich an verschiedenen Orten versteckt hatten. Man befahl ihnen, loszurennen, und verkündete, wer schnell genug liefe, würde gerettet. Die Menschen begannen zu rennen – unter dem Gelächter der SS-Leute. Sie schossen im Laufen auf diejenigen, die nicht schnell genug waren. Wer es schaffte, erhielt von den SS-Leuten als Zeichen der Anerkennung für die gute körperliche Verfassung ein Schulterklopfen. Danach mußten sie sich umdrehen, und man verpaßte jedem einen Kopfschuß.

Nach all diesen Greueltaten blieben an die 150 Personen im Getto übrig, die arbeitstauglich waren. Sie wurden gezwungen, die Leichen der ermordeten Kinder und Alten auf Lastwagen zu laden, die mit Planen bedeckt Richtung Plaszow fuhren, wo sie in ein Massengrab geworfen wurden.

Die Menschen, die diese schreckliche Arbeit verrichten mußten, sollten danach eigentlich nach Plaszow geschickt werden, doch Obersturmbannführer Haase meinte, die Anzahl sei zu groß, sie müsse erst noch halbiert werden. Also wurden 75 ermordet und der Rest nach Plaszow geschickt.

So wurde das Krakauer Getto aufgelöst.

Ich gebe mir alle Mühe, damit aufzuhören, ständig die um ihr Leben rennenden Menschen vor mir zu sehen, und ihre Mörder, wie sie auf sie schießen, die weinenden Kinder, die ihre Eltern anflehen, sie nicht zu verlassen, oder die Eltern, denen ihre Kinder mit Gewalt entrissen werden, und die Körbe, vollgepackt mit Kleinkindern.

Ein Bild jagt das andere, das Entsetzen läßt mich nicht los, und all diese Kinder sind mein Sohn Michael.

Mahnmal in Plaszow

6. Plaszow

Das Lager Plaszow erstreckte sich über ein sehr weites Gelände und war von einem Stacheldrahtzaun eingeschlossen. Auf der linken Seite befanden sich die Büros der Lagerverwaltung, die Unterkünfte der SS-Leute und die Baracken der Truppe von General Wlasow, Ukrainer, die sich während der Eroberung der Sowjetunion auf die Seite der Deutschen geschlagen hatten. Sie wurden als Wachpersonal auf den Wachtürmen und jenseits des Zaunes beschäftigt.

Auf der rechten Seite befand sich ein Hügel, der im Laufe der Zeit den Namen Hujowa Gòrka erhielt. Hier wurden die Hinrichtungen vollstreckt. Die Menschen mußten sich ausziehen, auf tiefe Gräben zurennen, die eigens zu diesem Zweck ausgehoben worden waren, und zu beiden Seiten standen SS-Leute und schossen auf sie. Dabei tat sich besonders ein Litauer namens Janec hervor, ein hünenhafter Mann, der für seinen Sadismus bekannt war.

Den Ermordeten wurden von einer Spezialmannschaft von Gefangenen unter Aufsicht der Deutschen die Goldzähne aus dem Mund gerissen. Ein Bagger schüttete dann die Leichengräben mit Erde zu.

Zur Linken des Lagers befand sich der riesige Appellplatz. Dann folgten links und rechts die Baracken der Häftlinge. Dahinter stand auf der rechten Seite das Gefängnis, das von dem neuen Ordnungsdienst geführt wurde, der im Lager eingerichtet worden war und unter dem Befehl eines Verbrechers namens Chilewicz stand, der nicht weniger grausam als die SS-Leute war. Er pflegte mit der Reitpeitsche herumzulaufen und die Leute wegen jeder geringsten Kleinigkeit auf brutale Weise zu schlagen. Links von den Häftlingsbaracken standen Parallelreihen von Werkstätten.

Den Ankömmlingen wurden Baracken zugewiesen, in denen sie es sich einrichteten. Am gleichen Abend kamen SS-Leute und befahlen den Menschen, all ihren Schmuck, ihre Uhren und sämtliche andere Wertgegenstände abzugeben. Sie wiesen darauf hin, daß jeder, der etwas verstecke, mit dem Leben bezahlen müsse, wenn bei ihm etwas gefunden würde. Die Leute taten, wie ihnen befohlen – und mir fallen in diesem Augenblick die Barren von »jüdischem Gold« ein, die ich einige Male im Fernsehen gesehen habe…

In der Baracke gab es drei Reihen Holzpritschen mit Strohmatratzen und Decken. Nach ein paar Tagen begann die Verteilung auf die Arbeitsplätze. Miecius Vater erhielt Arbeit in einer Werkstatt für Möbelbeschläge, Mieciu in der Schlosserei.

Zu Beginn wurde Mieciu mit zwei seiner Kameraden zur Villa von Amon Göth geschickt, um die Schlösser sämtlicher Türen auszutauschen. Göth war der Kommandant des Konzentrationslagers. Er war ein gutaussehender Mann von riesiger Statur, der sich als pathologischer Mörder erwies. Jeder seiner Ausflüge auf dem Lagergelände war von der Ermordung einiger Menschen begleitet. Manchmal befahl er jemandem, stehenzubleiben, indem er »Halt« sagte, zog seine Pistole heraus und erschoß ihn. Dann setzte er seinen Weg fort, als wäre nichts geschehen. Wer ihn unterwegs traf, mußte im Militärschritt, aufrecht, die Hände an die Hosennaht gepreßt und den Blick auf Göth gerichtet, vorbeigehen. Wer eine Kopfbedeckung aufhatte, mußte diese abnehmen. Das Leben des Menschen, der Göth begegnete, hing von seiner Laune in dem jeweiligen Moment ab, ob ihm der Mensch gefiel oder nicht. Es war bekannt, daß es Tote geben würde, wenn sich Göth mit Feldmütze auf einen Spaziergang begab. Wenn er jedoch einen steifen Hut trug, endete der Ausflug für gewöhnlich ohne Opfer. Er besaß zwei Bluthunde, Ralf und Alf. Mieciu sah sie bei ihm. Man erzählte sich, daß Göth ihnen ein paar Mal ausgepeitschte Menschen vorgeworfen hatte, die von den Hunden in Stücke gerissen worden waren.

Amon Göth wurde nach dem Krieg gefaßt, in Polen vor Gericht gestellt, zum Tode verurteilt und gehängt.

Mieciu berichtet: »Als wir zu ihm zum Arbeiten gingen, hatten wir eine Todesangst. Einmal tauchte er plötzlich auf und ging durch das Zimmer, in dem wir gerade waren. Wir unterbrachen sofort die Arbeit, standen stramm, und ich schrie ›Achtung!‹, denn so mußte man reagieren, wenn SS-Leute erschienen. Und Göth antwortete: ›Weitermachen!‹ und ging hinaus. Wir waren ziemlich erleichtert.«

Ein Glücksmoment konnte das Leben eines Menschen bestimmen. Eines Tages arbeitete Mieciu mit einem Jungen namens Hermann in einer der Baracken, die gebaut wurden, und ihre Aufgabe war es, Scharniere an Fenstern und Türen anzubringen. Da ihnen die Schrauben ausgingen, schickten sie einen Jungen, der mit ihnen zusammenarbeitete, um welche zu holen.

»Wir hatten ein bißchen Zeit, und offenbar waren wir auch leichtsinnig... Wir fanden dort ein Brett, legten es auf einen Holzbock, setzten uns jeder auf ein Ende und fingen zu wippen an. Mit einem Mal erschien der Scharführer Zdrojewski, ein Mann von athletischem Körperbau, der Amon Göths Stellvertreter und ein Bösewicht eigener Façon war. Ich sprang sofort vom Brett auf, und Hermann, der am anderen Ende saß, fiel herunter. Ich stand stramm und erstattete wie erforderlich Bericht: ›Herr Chef, zwei Schlosser bei der Arbeit warten, daß man uns Schrauben aus der Werkstatt bringt...‹ Diese Vorstellung belustigte ihn anscheinend, denn er lächelte, berührte mich leicht mit seiner Reitpeitsche an der Schulter und ging. Ich war gerettet, und ich bewahre diesen Augenblick in meinem Gedächtnis, denn es hätte auch anders kommen können...«

Nach dem Krieg traf Mieciu Zdrojewski unter gänzlich anderen Umständen wieder, als er in Polen als Kriegsverbrecher vor Gericht gestellt worden war. Der Präsident des Bezirksgerichts, Dr. Rozanski (Rosenzweig), von dem Mieciu die Eintrittskarte für den Prozeß erhalten hatte, war Miecius Onkel, der Bruder seiner Mutter. Er hatte in der Sowjetunion überlebt.

»Als sie Zdrojewski hereinbrachten, erkannte ich ihn wirklich nicht wieder«, erinnert sich Mieciu, »so mager war er, als sei nur ein Teil von ihm übriggeblieben. Einer der Zeugen, die gegen ihn aussagten, war Wilek Kranz, ein ungemein dicker Mann mit Sinn für Humor. Als er in Plaszow war, gehörte er dem Ordnungsdienst an, und seine Aufgabe war es, das Gefängnis zu bewachen. Er war ein guter Mensch und half den Gefangenen viel. Mein Onkel, der Richter, fragte Zdrojewski, ob er den Zeugen kenne. Er hatte ihn im Lager täglich in Ausübung seiner Aufgabe getroffen. Zdrojewski gab zur Antwort, daß er den Mann nicht kenne, worauf ihm Kranz folgender-

maßen erwiderte: ›Natürlich fällt es ihnen schwer, mich zu erkennen, denn ich sah damals so aus, wie Sie heute aussehen,
und Sie sahen damals so aus, wie ich zur Zeit aussehe‹ ...«

Im Rahmen der Arbeit in der Schlosserei wurde Mieciu mit
einer Gruppe von etwa fünfzehn Leuten, unter ihnen der
Arbeitseinsatzleiter und Ingenieur für das aufgelöste Getto-
areal, losgeschickt, um einen riesigen Dampfkessel aus dem
alten Badehaus in der Jozefinska-Straße abzubauen. Zur gleichen Zeit arbeiteten auf dem Areal des Gettos alle möglichen
Gruppen, die jeden Tag aus Plaszow hierher gebracht wurden.
Sie mußten Möbel, Haushaltsgeräte und alles andere, was von
den Besitztümern der Juden übriggeblieben war, die ins Lager
Plaszow gesteckt, ermordet oder in die Vernichtungslager deportiert worden waren, sortieren und verladen. Die Sachen
wurden nach Deutschland geschickt. Im Getto befanden sich
auch einige Dutzend SS-Leute, die für diese Arbeiten verantwortlich waren, unter dem Befehl von Rottenführer Ritschek.

Die Gruppe, in der Mieciu arbeitete, war hochzufrieden
darüber, daß sie Plaszow verlassen konnte, auch weil das Essen im Getto besser als im Lager war. Deshalb beschloß die
Gruppe, die Dauer der Arbeit im Getto so lange wie möglich
auszudehnen. Sie fanden einen Keller, dessen Fenster auf den
Hof des Badehauses hinausging, und saßen dort stundenlang.
Draußen postierten sie ein paar Leute, die sie warnen sollten,
wenn SS-Leute kamen. Eine gewisse Zeit lang erregte ihre
Langsamkeit bei der Arbeit keinen Verdacht, denn sie arbeiteten mit primitivem Werkzeug wie schweren Hämmern oder
Holzrollern, mit denen sie den Kessel herausmontieren soll-
ten, nachdem sie die Beton- und Ziegelschicht, von der er um-

geben war, abgeschlagen hatten. Der Kessel sollte nach Plaszow kommen, wo eine Bade- und Entlausungsanstalt eingerichtet wurde.

»Eines Tages übersahen die Wachen draußen die Gefahr, und plötzlich erblickten wir durch das Fenster, das auf den Hof hinausging, die Stiefel von Ritschek, der mit einem großen deutschen Schäferhund dastand, uns brüllend verfluchte und uns befahl, aus dem Keller herauszukommen. Entsetzliche Angst packte uns, denn um aus dem Keller hinauszugelangen, mußte man die Stufen direkt vor dem Rachen des Hundes hinaufsteigen. Zu unserem Glück fiel der Hund keinen von uns an. Ritschek befahl uns, uns in einer Reihe aufzustellen, und schickte einen Jungen aus unserer Gruppe los, um noch einen SS-Mann mit zwei Reitpeitschen zu holen. Sie bestanden aus geflochtenen Lederriemen und endeten in einer Bleikugel. Nachdem der Mann mit den Peitschen eingetroffen war, mußte einer nach dem anderen die Hosen herunterlassen, das Hemd hochhalten, sich bücken, und jeder von uns erhielt 25 Schläge auf den nackten Hintern. Die Schläger standen zu beiden Seiten, und die Opfer mußten die Schläge mitzählen. Man durfte nicht schreien. Falls man durcheinanderkam und schrie, begann der SS-Mann mit den Schlägen von vorne. Es tat höllisch weh, doch ich erstickte die Schreie mit aller Kraft. Wo die Bleikugel mich seitlich traf, sind mir noch einige Jahre lang Narben geblieben.

Es gab eine ziemlich große Gruppe von Häftlingen aus Plaszow, die in der Krakauer Emaille-Fabrik in Zablocie arbeitete. Sie wurden jeden Tag zur Arbeit hin- und zurückgebracht. Nach einiger Zeit wurde bei der Fabrik ein Lager eingerichtet,

und die Menschen, die dort arbeiteten, wurden dorthin über-
gesiedelt. Ich kann mich erinnern, daß die Leute von den
ausgezeichneten Bedingungen dort erzählten, von der guten
Behandlung, die sie vom Fabrikbesitzer Schindler erfuhren.
Viele wollten gern in dieses Lager. Es gab ein paar Juden, die
die Arbeitsannahme in dieser Fabrik ›organisierten‹, was mit
Bezahlung verbunden war. Wir wußten nicht, wer das Geld erhielt, aber wir nahmen an, daß die ›Organisatoren‹ es unterein-
ander aufteilten. Ich weiß, daß mein Vater versuchte, in der Fabrik von Schindler aufgenommen zu werden, zusammen mit
mir, doch wir hatten nicht genug Geld dafür. Mein guter
Freund Tolek Schenizer sowie meine Schulfreundin Danka
Dresner mit ihrer Familie arbeiteten bei Schindler.«

»Ich möchte noch etwas erzählen, was sich tief in mein Gedächtnis eingegraben hat«, sagt Mieciu. »Ungefähr alle zwei
Wochen wurden wir auf den Appellplatz befohlen und mußten Reihen bilden, und am Anfang des Platzes, ein paar Dutzend Meter von uns entfernt, stellte man Holzböcke auf und
legte Holzplatten darüber. Dorthin wurden zehn bis fünfzehn
Häftlinge gebracht, die allerlei lächerlichster Vergehen beschul-
digt wurden, wie zum Beispiel das Nicht-Abnehmen der Kopfbedeckung vor einem SS-Mann, schlampige Kleidung, Nach-
lässigkeit bei der Arbeit. Sie alle waren zu einer Strafe von fünfzig Hieben mit der Reitpeitsche auf das nackte Gesäß verurteilt. Sie wurden gezwungen, die Hosen herunterzulassen, sich
mit dem Hintern nach oben auf die Platten zu legen und wurden von beiden Seiten von SS-Leuten ausgepeitscht. Mit aller
Härte. Sie mußten mitzählen, durften nicht schreien, und
wenn sie es versehentlich doch taten, begannen die Schläge

von vorn. Bei diesen Auspeitschungen starben immer einer oder zwei an Herzinfarkt und einige, die das Bewußtsein verloren hatten und mit Eimern von kaltem Wasser übergossen wurden. Wir mußten dabeistehen und das alles mitansehen.

Nach beendeter Durchführung dieser ›Bestrafung‹ verteilten sich die SS-Leute zwischen den Menschenreihen, die auf dem Platz standen, und fingen an, sich Leute herauszupicken, nach Gutdünken. Sie befahlen ihnen, die Hosen herunterzulassen, sich auf die Holzplatte zu legen, und begannen, sie zu schlagen, so wie sie es mit den vorherigen Opfern gemacht hatten.

Bis auf den heutigen Tag habe ich die furchtbare Angst nicht vergessen, die mich im Griff hielt, während ich, wie verlangt, kerzengerade dastand, inständig hoffend, daß ich nicht als Opfer für die Peitschenhiebe auserkoren würde ... «

Ich will einen Moment Pause machen, Luft schnappen, denn das Grauen beginnt mich zu überwältigen, doch Mieciu macht weiter, als wollte er es hinter sich bringen, und setzt seinen Bericht fort.

»In besonderer Erinnerung ist mir ein Tag geblieben, an dem wir auf den Appellplatz zitiert wurden, wo eine Vorrichtung zum Aufhängen mit zwei Haken aufgebaut war, die für zwei Menschen vorgesehen war. Wieder zwang man uns, in Reihen zu stehen und das Geschehen zu verfolgen. In der Nähe des Galgens versammelten sich einige SS-Offiziere, an ihrer Spitze Amon Göth. Einer der Offiziere verlas das Urteil, Tod durch Erhängen, für die zwei Leute, die der Sabotage gegen das Reich und das deutsche Volk für schuldig befunden worden waren. Bei den Verurteilten handelte es sich um den

Kühltechnikingenieur Krautwirt, der eine Erfindung in seinem Fachgebiet gemacht hatte und sich weigerte, sie den Deutschen auszuhändigen, und um meinen Kameraden von der Schulbank, Stefan Haubenstock, fünfzehn Jahre alt, der angeklagt worden war, weil er während der Arbeitszeit das russische Lied ›Katjuscha‹ gepfiffen hatte. Das Urteil wurde durch den jüdischen Polizisten Icie Salz vollstreckt, einem Mann von beeindruckendem Körperbau.

Dem Ingenieur Krautwirt, dessen Hände auf dem Rücken gefesselt waren, war es zuvor gelungen, sich die Pulsadern an den Handgelenken aufzuschneiden, mit einem Rasiermesser, das ihm jemand zugesteckt hatte, so daß er in bewußtlosem Zustand zum Erhängen geschleppt wurde. Er wurde als erster aufgehängt.

Der zweite, mein Schulkamerad, flehte Göth mit lauter Stimme an, ihn nicht zu hängen, er habe nicht beabsichtigt, irgend jemanden zu verletzen, er bitte um Entschuldigung, es tue ihm leid, er sei doch noch so jung und wolle leben. Göth bewegte das nicht im mindesten, und er gab den Befehl, das Urteil zu vollstrecken. Als sie ihn aufhängten, riß der Strick, und Stefan fiel zu Boden. Er stand auf, begann zu weinen und bettelte wieder um Gnade. Göth rief Icie Salz und befahl ihm, Stefan ein zweites Mal aufzuhängen, mit der Drohung, wenn so etwas noch einmal passieren würde, würde er, Göth, Icie mit eigenen Händen aufknüpfen. Das zweite Mal riß der Strick nicht. Ein Polizist von der Schutzpolizei trat zu den Aufgehängten und schoß jedem einzeln in den Nacken, der ›Gnadenschuß‹, wie man das nennt.«

Miecius Ton ist ruhig und sachlich, während er redet, doch die Worte sind mit besonderem Nachdruck ausgesprochen.

Ich verspüre ein inneres Zittern. Ich frage ihn, ob er wußte, wo damals Stefans Eltern waren, und er verneint, offenbar waren sie nicht mehr am Leben.

Er fragt mich, was mit mir los sei, denn ich habe zu schreiben aufgehört. Ich sage ihm, daß ich mich schlecht fühle, da ich die beiden vor meinen Augen sähe, den fünfzehnjährigen Stefan, wie er um sein Leben bettelt und sie ihn nicht erhören. Wut und Schmerz lähmen mich.

Ich weiß, daß meine Gefühle hier nicht das geringste ändern, doch ich bin nicht fähig, sie auszuschalten.

Als wir wieder anfangen, lege ich Mieciu die folgende Geschichte von Eli Wiesel aus Auschwitz vor:

»Die SS erhängte zwei Männer und einen Jungen vor der versammelten Lagermannschaft. Die Männer starben rasch, der Todeskampf des Jungen dauerte eine halbe Stunde. ›Wo ist Gott? Wo ist er?‹ fragte einer hinter mir. Als nach langer Zeit der Junge sich immer noch am Strick quälte, hörte ich den Mann wieder rufen: ›Wo ist Gott jetzt?‹ Und ich hörte eine Stimme in mir antworten: ›Wo ist er? Hier ist Er... Er hängt dort am Galgen‹...«

»Hast du damals an Gott gedacht, als sie die beiden aufhängten?« frage ich ihn, und Mieciu antwortet: »Nein.«

Als ich mit fünfzehn nach dem Krieg aus der Sowjetunion nach Polen zurückkehrte und sich mir das ganze Ausmaß der Vernichtung offenbarte, habe ich mich gefragt, wo Gott damals war... Ich fand in mir keine Antwort darauf, und so wurde mein Glauben erschüttert.

Am nächsten Tag suche ich den Wald auf, meinen guten Freund, um neue Kraft zu schöpfen. Der Wind spielt mit den

Blättern der Bäume, die die Sonne lichtgrün färben. Der Wald hat zu Herbstbeginn noch nichts von seiner Schönheit und Pracht eingebüßt, und wie immer bringt er mir friedliche Ruhe. Ich sage mir, daß ich jetzt hart und effektiv zu arbeiten habe, daß das Schreiben momentan meine wichtigste Aufgabe ist, denn Miecius Geschichte muß endlich zu Papier gebracht werden.

Mieciu setzt seinen Bericht fort: »Eines Tages wurde uns mitgeteilt, daß wir nach Arbeitsschluß auf dem Appellplatz anzutreten hatten. Wir stellten uns auf und sahen auf dem Boden Leichen, von einer Plane bedeckt. Die Wächter von Wlasow entfernten die Abdeckung, und wir erblickten die Leichen von etwa sechzig bis siebzig Menschen. Es waren die Offiziere der jüdischen Polizei und Geheimpolizei, samt Frauen und Kindern, die bei der Auflösung des Gettos die Genehmigung erhalten hatten, im ›arischen Teil‹ Krakaus zu wohnen. Wir mußten an ihnen vorbeigehen und sie anschauen.«

Ich frage ihn, was er dabei empfand, und er erwidert: »Ich war bewegt, als ich die Leiche von Sonnenschein sah, in dessen Wohnung Arthur versteckt gewesen war. Es tat mir auch leid um die unschuldigen Frauen und Kinder. Aber als ich die Leichen der Männer der Geheimpolizei sah, all diese Leute, die so vielen im Getto Leid und Unglück beschert hatten, verspürte ich Genugtuung. Den Äußerungen von anderen entnahm ich, daß auch sie so fühlten.«

»Ich will dir noch etwas erzählen, das ich, wie mir scheint, nie erzählt habe, was mir aber jetzt wieder einfällt: In den Frauenbaracken wohnte ein Mädchen, vielleicht dreiundzwanzig Jahre alt, sehr hübsch. Ihr Name war Reich, an ihren

Vornamen erinnere ich mich nicht. Sie hatte einen etwa zwölf-jährigen Bruder, der in den Männerbaracken wohnte. Dieses Mädchen kümmerte sich hingebungsvoll um ihn, in Ermange-lung der Eltern, die sie bereits nicht mehr hatten. Einer der SS-Männer namens Groß verliebte sich in dieses Mädchen. Er war einer von denen, die zu niemandem grausam waren. Er pflegte mit dem Mädchen jeden Abend im Lager und außer-halb spazierenzugehen. Es schien uns damals, als beruhe die Liebe auf Gegenseitigkeit. Er brachte dem Mädchen alle mög-lichen Nahrungsmittel mit, die ihr und ihrem Bruder eine große Hilfe waren. Diese Beziehung dauerte ungefähr drei Monate, bis die Vorgesetzten von Groß davon erfuhren. Eines Tages holte er sie zu einem Spaziergang ab, sie gingen weg, und das Mädchen kam nie mehr zurück. Sie wurde später auf einem der Lagerwege tot aufgefunden. Sie war durch eine Kugel im Nacken getötet worden. Es gab Gerüchte, Groß selbst habe den Mord auf Befehl seiner Vorgesetzten ausge-führt, aber das ist nur ein Gerücht. Es ist möglich, daß einer seiner Kameraden den Mord verübt hat, damit Groß nicht un-ter der Anklage der ›Rassenschande‹ vor Gericht gestellt würde...«

»Habt ihr sie nicht als Verräterin angeprangert, weil sie mit einem SS-Mann ausging?« frage ich Mieciu. Doch er antwor-tet, daß sie, die Jungen, an diesen Aspekt überhaupt nicht dachten, vielleicht die Älteren.

Im Oktober 1943 begannen die Deutschen, Selektionen durchzuführen. Den Häftlingen wurde befohlen, sich in einer langen Reihe an ihrem Arbeitsort aufzustellen. Mieciu stand in der Schlosserei, in der er arbeitete, und neben ihm einer seiner besten Freunde, Zenon Weinreb, der in Bälde achtzehn werden sollte. Eine Gruppe von SS-Leuten mit Amon Göth an der Spitze traf vor Ort ein. Sie begannen, alle möglichen Leute aus der Reihe herauszuholen, und stellten sie ganz dicht der Reihe gegenüber auf, in der sich Mieciu befand, denn die Baracke war sehr eng. Kein Mensch wußte, was besser war, in der Reihe zu bleiben, in der Mieciu war, oder in die Reihe gegenüber zu kommen, das heißt zu denen, die aus Miecius Reihe herausgeholt wurden.

Später stellte sich heraus, daß die, die aus der Reihe geholt wurden, dazu bestimmt waren, im Lager von Plaszow zu bleiben, während die in der ursprünglichen Reihe, wie Mieciu, zum Transport vorgesehen waren.

Zenon wurde aus Miecius Reihe geholt, und man befahl ihm, sich in einem Abstand von etwa zwei Metern Mieciu gegenüber aufzustellen. Unterdessen gingen die SS-Leute mit Amon Göth weiter und setzten die Selektion fort. Da flüsterte Zenon Mieciu zu, er würde gleich in seine Reihe zurückkommen. Mieciu tuschelte ihm zu, er solle nicht wagen, das zu tun, doch Zenon hörte nicht auf ihn, und mit einem großen Schritt war er wieder in Miecius Reihe. Einer der SS-Offiziere sah Zenon dabei, kam sofort zu ihnen zurück, brüllte Zenon an und begann, ihn an den ihm vorher befohlenen Platz zurückzuschleifen. Amon Göth, der das Geschrei hörte, wandte seinen Kopf in Richtung der Stelle, an der Mieciu und Zenon standen, näherte sich, zog seine Pistole, schoß Zenon direkt in den Hals und setzte seinen Weg wieder fort. Zenon brach blutüberströmt vor Miecius Füßen zusammen. Obwohl aus seinem Mund ein Strom von Blut schoß, lebte er noch. Erst beim Verlassen der Baracke preßte einer der SS-Männer eine Pistole an Zenons Kopf, drückte ab und beendete so seine Qual.

»Sie haben vor meinen Augen meinen besten Freund getötet, er lag vor meinen Füßen, und ich konnte ihn nicht retten. Mein Herz krampfte sich zusammen, mit einem Schmerz, an den ich mich noch erinnern kann. Es war damals unmöglich zu wissen, welches die gute oder die schlechte Reihe ist, welche Tod und welche Leben bedeutet. Zenon dachte, er ginge ins Leben. Wenn er doch auf mich gehört hätte...«

Nach Beendigung der Selektion wurde Mieciu zusammen mit allen anderen, die mit ihm in der gleichen Reihe gestanden hatten, ins »Polnische Lager« gebracht. Es war im Zentrum des Lagers Plaszow errichtet worden und diente als Durchgangslager für Polinnen und Polen, die auf der Straße aufgegriffen und zur Zwangsarbeit nach Deutschland verschickt wurden. An jenem Tag war dieses Lager gerade leer, und die SS versammelte sie dort alle für eine Nacht. Hier traf Mieciu seinen Vater, den sie von seiner Arbeitsstelle weggeholt hatten. Er traf auch Zenons jüngeren Bruder, der ihn nach Zenon fragte. »Ich brachte es nicht fertig, ihm die Wahrheit zu sagen. Ich hatte Mitleid und sagte zu ihm, daß ich Zenon in dem ganzen Tohuwabohu bei der Selektion aus den Augen verloren hätte. Etwa eine halbe Stunde später sah ich den Jungen bitterlich schluchzen. Offensichtlich hatte ihm jemand die Wahrheit über« seinen Bruder erzählt«, erzählt Mieciu.

Am nächsten Morgen brachte man sie zu einem Güterzug, und sie traten eine Reise ins Unbekannte an.

7. Czestochowa

Nach einer drei- bis vierstündigen Fahrt erreichten sie Czesto-chowa, zu deutsch Tschenstochau, und die Hugo Schneider A.G. – Hassag, vor dem Krieg eine große polnische Textilfa-brik, die während des Krieges in eine Produktionsstätte für Munition umgewandelt worden war.

Sie waren die erste Gruppe von Juden, die in diesen Betrieb gebracht wurden, in dem bereits viele Polen arbeiteten. Sie wurden in ehemaligen Lagerhallen untergebracht und schlie-fen auf dreistöckigen Pritschen.

Bei ihrer Ankunft nahm sie der Lagerkommandant in Emp-fang, der zugleich Direktor der Fabrik war, ein Zivilist. Auf sei-ner Mantelbrust trug er ein Hakenkreuzabzeichen. Barten-schläger, so war sein Name, hielt eine kurze, nüchterne Rede, sagte, was die Ankömmlinge in diesem Lager zu tun hätten, und wählte sofort einen Kreis von Häftlingen aus, der künftig die innere Leitungsmannschaft des Lagers darstellen sollte. An die Spitze wurde ein deutscher Jude namens Joles gestellt, der mit seiner Frau und seinem Sohn im Lager war. Auch Mie-cius Vater teilte man der Lagerleitung zu, da er fließend Deutsch sprach.

Mieciu wurde zum Werkzeugbau abgestellt, nachdem er be-reits als Schlosser gearbeitet hatte. Seine Abteilung beschäf-tigte sich mit der Herstellung von Hilfsgerät und Teilen, die sich während des Betriebs der Maschinen für die Munitions-produktion abnutzten. Es gab dort automatische Revolverdrehbänke sowie gewöhnliche Drehbänke. Zu Anfang arbeitete er an einer halbautomatischen Maschine, später dann an der Drehbank.

Czestochowa war das einzige Lager, an das sich Mieciu erinnert, in dem während der Zeit seines Aufenthaltes niemand von den Deutschen ermordet wurde und auch keine öffentlichen Auspeitschungen stattfanden. Es gab keine SS-Leute dort. Man konnte sich manchmal Tritte oder ein paar Ohrfeigen von bestimmten Meistern einhandeln. Mieciu meint, einen der Meister aus Leipzig namens Pirschel positiv hervorheben zu müssen. Er war ein guter Mann, der nach seiner Verwundung an der Front aus dem Militär entlassen und der Hassag überstellt worden war. Dieser Mann brachte jeden Tag belegte Brote zur Arbeit mit, pflegte sich umzusehen, damit ihn keiner von den Deutschen dabei sah, und verteilte sie dann an die Häftlinge, jedesmal an andere. Das war von großer Bedeutung, denn in diesem relativ »guten« Lager litten die Häftlinge unter heftigem Hunger. Der Gipfel der Delikatessen waren Kartoffelschalen, wenn jemand das Glück hatte, welche im Abfalleimer der Küche zu finden. Derjenige, der sie herausfischte, wusch sie, wickelte sie in einen Fetzen Jutesack ein und legte sie neben das Ausgangsrohr der zentralen Dampfheizung. Etwa eine halbe Stunde später waren die Schalen weich und verzehrbar und wurden, wie gesagt, als größte Delikatesse angesehen.

Mieciu wurde einmal, als er so etwas aß, vom Werkschutzleiter Kreutsch erwischt. »Ich erhielt ein paar Ohrfeigen von ihm. Die Kartoffelschalen verstreute er in alle Richtungen, was sehr viel schlimmer war als die Ohrfeigen.«

Er erinnert sich noch an die Suppe, die ein paarmal in der Woche ausgeteilt wurde, mit dem verfaulten Geschmack, der es sogar einem so hungrigen Menschen wie ihm schwermachte, sie zu essen.

»Ich möchte gerne noch von einer Tat erzählen, auf die ich bis heute stolz bin. Ich habe damals an der halbautomatischen Drehbank gearbeitet und stellte Ausstoßspindeln her. Dieses Ding drückt das Geschoß aus der Matrize. Es mußte in perfekter Form zugeschliffen sein, und wenn das Schleifmesser nicht dementsprechend geschärft war, blieben Spuren auf dem Erzeugnis zurück, die es für seinen Zweck untauglich machten. Es gab ein Kontingent, das wir während einer Schicht zu erfüllen hatten. Bei einer Morgenschicht passierte es, daß ich zwanzig Stück produzierte, die gebrauchsuntauglich waren, ohne daß es mir aufgefallen wäre. Als ich meinen Fehler bemerkte, hielt ich die Maschine an, schliff das Messer und setzte die Arbeit fort. Die zwanzig kaputten Teile konnte ich nicht wegwerfen, denn sonst hätte ich die Tagesnorm nicht erreicht, was mit Strafen bis hin zum Verlust dieser verhältnismäßig guten Arbeit verbunden war. Daher versteckte ich die defekten Stücke unter den guten, die ich produziert hatte. Etwa eine Stunde vor Schichtende kam einer der Meister, Reinecke, zu mir und begann, die Qualität der Erzeugnisse zu kontrollieren, indem er in dem Eimer herumstöberte, in dem die fertigen Teile lagen. Er fand ein paar der Fehlproduktionen, die ich unten versteckt hatte. Er begann mich anzubrüllen, daß sie kaputt seien, und ich sagte zu ihm aus Angst, daß ich sie nicht hergestellt hätte, daß sie anscheinend von der zweiten Schicht stammten. Der Mann sagte mir, ich solle meiner Ablösung, wenn er zur Arbeit käme, ausrichten, sich sofort bei ihm zu melden. Damit wandte sich der Meister von mir ab und überließ mich meinen Gedanken. Meine Ablösung war Herr Kellmann, ein etwa fünfundfünfzigjähriger Mann, was damals in meinen Augen schon richtig alt war. Was ich gemacht hatte, war, einem Menschen, der nichts getan hatte, etwas anzuhängen, und das aus nackter Angst. Und was würde ihm passieren, vielleicht brachte ich sein Leben in Gefahr? Dieser Gedanke und die Gewissensbisse ließen mir keine Ruhe. Vor Ende der Schicht überwand ich meine Furcht und beschloß, dem Meister zu gestehen, daß ich dafür verantwortlich war. Ich ging zu ihm, stellte mich links von ihm auf, stand stramm und sagte: ›Herr Chef!‹ Er fragte mich, was es gebe, und ich sagte zu ihm: ›Ich habe Sie angelogen. Ich habe die kaputten Teile gemacht.‹ Im gleichen Augenblick erhob der Mann seine Hand, verpaßte mir mit der oberen Handhälfte eine Ohrfeige und befahl mir, an die Arbeit zurückzugehen. Ich dachte, er würde aufstehen, mich prügeln und treten. Das war nicht der Fall, und ich war sehr froh, daß ich genügend Mut gefunden hatte, einen anderen Menschen vor Schaden zu bewahren.«

Und ich habe einen Lichtstrahl in dieser Finsternis gefunden.

8. Buchenwald

»Im Dezember 1944 beschloß man, daß ein Teil der Lagerinsassen an einen unbekannten Ort verschickt werden sollte. Auf der Liste derer tauchte auch der Name meines Vaters auf, und er wandte sich an mich und bat mich, mitzukommen. Zuerst weigerte ich mich und sagte zu ihm, weshalb ich denn an einen unbekannten Ort fahren solle, wo der Tod vielleicht noch näher sei als in Czestochowa ... Aber er bedrängte mich, daß nur noch wir beide von der ganzen Familie übriggeblieben seien und es sehr schlecht sei, wenn wir uns trennten. Ich willigte ein. Wir wurden zum Zug gebracht.«

Ich frage Mieciu, ob sie noch irgendwelche persönlichen Dinge hatten, und er erwidert, daß sie bereits nichts mehr außer den Kleidern auf dem Leib besaßen. Sie wuschen das, was sie anhatten, immer im Badehaus, wo man sich zur Entlausung duschte, erhielten die Kleider zurück und zogen sie wieder an.

»Am Fabrikausgang, auf dem Weg zum Zug, standen einige Meister aus meiner Abteilung, die fragten, weshalb ich ginge, ich stünde doch nicht auf der Liste. Ich sagte ihnen, mein Vater sei auf der Liste, und ich fing zu weinen an und bat, mir zu erlauben, mit meinem Vater zu gehen. Man gab mir die Erlaubnis. Wir wurden in einen Zug für Viehtransporte verladen, zwischen 100 und 120 Personen pro Waggon. Es herrschte eine solche Enge, daß man sich so gut wie nicht rühren konnte. Es gab überhaupt keinen Platz zum Hinsetzen.

Wir fuhren über drei Tage lang in der grimmigen Kälte des Monats Dezember, der in jenem Jahr besonders kalt war, ohne etwas zum Essen oder Trinken zu bekommen. Wir aßen die jämmerlichen Brotreste auf, die wir auf den Weg mitgenommen hatten. Die Bedürfnisse wurden auf der Stelle, im Stehen, verrichtet, denn der Eimer dafür befand sich am anderen Ende des Waggons und konnte nur von denen benutzt werden, die direkt daneben standen. Durch kleine Schlitze in den verschlossenen Waggons sahen wir, daß wir Görlitz und Dresden passierten. In den späten Abendstunden gelangten wir an unser Ziel: Es war das Konzentrationslager Buchenwald. Die Schiebetür des Waggons wurde von außen geöffnet, und wir sahen eine Menge von SS-Leuten mit Hunden, die uns mit Gebrüll und schrecklichen Flüchen befahlen, auszusteigen. Man mußte von dem Waggon herunterspringen, und wir waren von dem langen Stehen so geschwächt, daß die meisten von uns in den Schnee fielen und von den SS-Männern getreten oder mit Gewehrkolben geschlagen wurden. Man befahl uns, ins Lager zu laufen, das ein paar hundert Meter von den Gleisen entfernt lag. Im Waggon blieben etwa fünfzehn Leichen zurück.

Bei unserer Ankunft im Lager wurde uns befohlen, in eine große Halle zu gehen, in der schon einige Dutzend alteingesessene Häftlinge mit Rasierapparaten in den Händen standen. Wir wurden gezwungen, uns auszuziehen, und sie rasierten uns am ganzen Körper. Von dort wurden wir zu einem endlos langen Korridor geführt, auf dessen linker Seite sich lauter Schalter befanden. An einem der Schalter mußten wir die Kleider, die wir ausgezogen hatten, abgeben, an einem zweiten unsere persönlichen Habseligkeiten. An einem dritten Schalter erhielten wir ein Stück Seife und ein winziges Handtuch und wurden in eine große Halle gebracht, die viele Duschköpfe an der Decke hatte. Bereits damals wußten wir, daß die Deutschen häufig Häftlinge mittels Gas liquidierten und daß solche Hallen als Duschräume getarnt waren. Natürlich dachten wir in jenem Augenblick nicht an technische Details, daß eine solche Halle zum Beispiel abgedichtet sein muß, was hier nicht der Fall war. Ich weiß noch gut, daß ich eine solche Todesangst hatte, wie ich mich in meinem ganzen Leben an nichts ähnliches erinnern kann, dieser Gedanke, daß innerhalb weniger Sekunden aus den Duschköpfen Gas dringen und wir unter entsetzlichen Qualen sterben würden. Ich kann die ungeheure Freude gar nicht in Worte fassen, die mich packte, als ich die ersten Wassertropfen auf meinem Körper spürte...

Von der Dusche traten wir an einen Schalter, wo wir unsere neuen ›Kleider‹ erhielten: gestreifte Hosen, ein Hemd, ein gestreifter Mantel ohne Futter, eine gestreifte Mütze, Holzpantinen und zwei Lumpen, um die Füße einzuwickeln. Unterwäsche bekamen wir keine. Von dort wurde der Großteil von uns zum Block 65 gebracht, eine Baracke mit dreistöckigen Pritschen. Jeder erhielt eine Matratze und eine Decke.

Am nächsten Tag wurden wir zur Arbeit im nahegelegenen Steinbruch geführt und mußten Felsbrocken im Dauerlauf schleppen, begleitet von Flüchen, Tritten und Schlägen der SS-Leute, darunter ungarische Faschisten. Ich hatte den Eindruck, daß diese Arbeit mehr der Mißhandlung als irgendeinem Nutzen diente, denn wir brachten die Felsen zu einem

Haufen, und am nächsten Tag mußten wir sie von diesem Haufen zu einem anderen tragen. Was ich noch schlimmer als die Arbeit im Steinbruch fand, war der Appell zur Anwesenheitszählung, der jeden Tag nach der Arbeit stattfand. Er wurde von einem SS-Mann durchgeführt, auf den wir manchmal bis zu drei Stunden warten mußten, während wir in Reih und Glied standen. Es war jedoch erlaubt, von einem Bein aufs andere zu hüpfen, um sich ein wenig warmzuhalten. Es herrschte damals bittere Kälte, über zwanzig Grad minus...

Der SS-Mann, der uns zählen kam, erledigte seine Aufgabe innerhalb von zwanzig Sekunden. Es kam vor, daß er bereits nach einer halben Stunde Wartezeit auftauchte, und dann waren wir wirklich glücklich...

Anfang Februar 1945 kamen ein paar SS-Leute in unsere Baracke und sagten, daß sie junge Freiwillige für ein anderes Lager suchten. Ich war einer der ersten, der sich meldete, denn ich spürte instinktiv, daß ich hier einfach nicht bleiben durfte. Mein Vater begann mich anzuflehen, ich solle bei ihm bleiben, wir seien die einzigen noch Lebenden und ich sei alles, was er noch habe. Ich sagte ihm, daß das nicht in Betracht kam, ich müsse hier raus und hoffe, wir beide würden am Leben bleiben und uns wieder treffen. Für meinen Vater war das ein grausamer Schlag, doch ich traf die Entscheidung mit Leichtigkeit. Wenn ich heute, als erwachsener Mann, der Vater und Großvater ist, daran denke, überkommt mich tiefe Trauer darüber, was ich meinem Vater mit diesem Schritt angetan habe. Er hatte seine Frau und einen Sohn verloren und wollte mich nicht auch noch verlieren. Was meine heftigen Schuldgefühle ein wenig beruhigt hat, ist die Tatsache, daß man am Ende

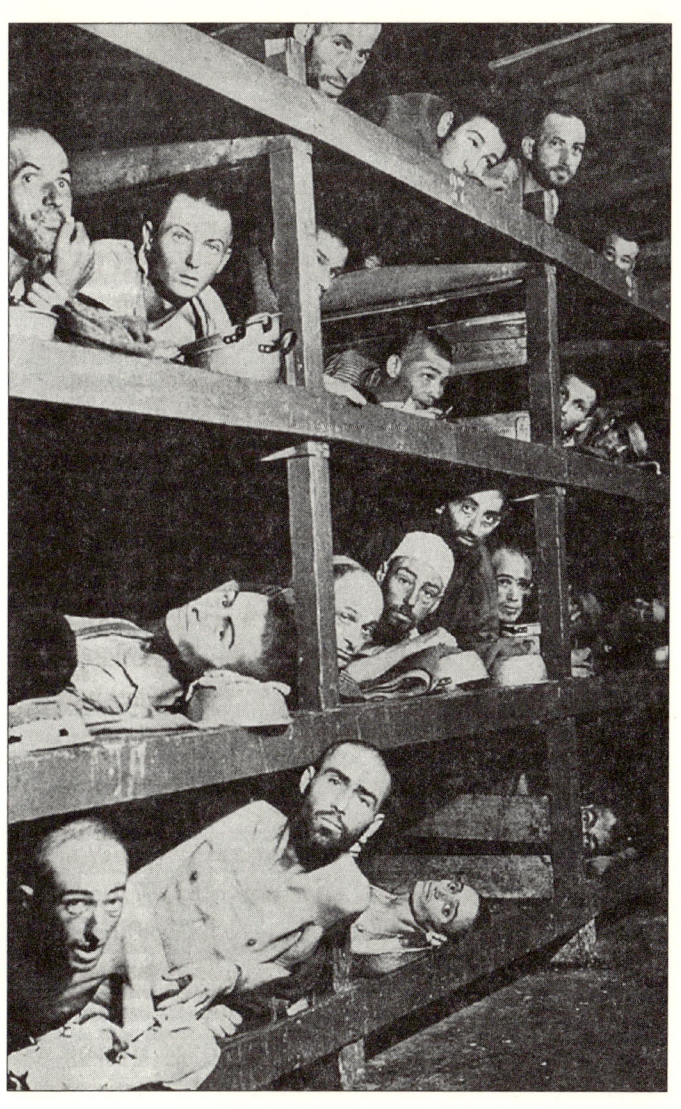

Baracke in Buchenwald

ohnehin alle Jungen abholte, weil sich nicht genug Freiwillige fanden. Ich trennte mich von meinem Vater und sah ihn nie wieder.

Als ich nach dem Krieg nach Polen zurückkehrte, traf ich in Krakau zufällig einen Bekannten, der mir erzählte, daß er meinen Vater zu Kriegsende in Halberstadt gesehen hatte, auf dem berüchtigten Todesmarsch von Buchenwald. Mein Vater war sehr geschwächt und konnte nicht mehr weitergehen. Er sagte zu jenem Bekannten, er würde aufs Revier gehen, die Krankenstation, von denen es unterwegs einige gab. Normalerweise starben die Leute dort von selbst oder wurden von den Deutschen durch eine Spritze getötet. Wenn ich bei ihm gewesen wäre und ihn ermutigt hätte, vielleicht wäre er weitergegangen und am Leben geblieben«, beendet Mieciu den Bericht über eines der schmerzlichsten Kapitel in seinem Leben.

Miecius Vater habe ich kennengelernt, indem ich mir lange das verschwommene Bild ansah, das vor dem Krieg aufgenommen wurde und das Mieciu zufällig nach dem Krieg von einer Bekannten erhielt. Ein hochgewachsener Mann, äußerst gut gekleidet, ein Lächeln im Gesicht, Sympathie ausstrahlend. Ich sehe ihn vor meinem geistigen Auge dort in Buchenwald in gestreifter Kleidung, mit abgemagertem Körper, wie er ohne Mieciu zurückbleibt, wie er mit letzter Kraft zum Todesmarsch aufbricht, einsam. Wozu den gemarterten Körper noch weiterschleppen. Es gab nichts, was ihn am Leben hielt. Ich werde nie aufhören, um ihn zu trauern.

Hätte er nur wissen können, daß die Frau seines Sohnes, der vielleicht überlebte, weil er ihn verließ, ihn eines Tages beweinen würde, daß sein Sohn selbst einen wundervollen

Sohn haben würde, der mit seinem Talent die jüdische Kultur bereichert, deren Träger vernichtet worden sind, daß seine Urenkelin den Namen seiner ermordeten Frau Stefania tragen und sein Enkel eine junge Deutsche heiraten würde, die eine Art Symbol des anderen Deutschlands ist, an das er selbst einmal glaubte und für diesen Glauben mit seinem Leben bezahlte.

1969 reiste ich nach Deutschland, und ich versprach Mieciu, Buchenwald aufzusuchen. Er bat mich, ein Foto von mir neben der Baracke Nummer 65 mitzubringen, in der er mit seinem Vater gehaust hatte.

Es war im Herbst, ein sonnenüberfluteter Tag, als ich mit meinen Begleitern das Tor von Buchenwald durchschritt, mit der Aufschrift »Jedem das Seine«, das Mieciu einst mit seinem Vater unter einem Hagel von Flüchen und Schlägen der SS-Leute passiert hatte. Ich legte einen Blumenkranz an dem Denkmal zur Erinnerung an die Opfer des Lagers nieder, und ich gedachte seines Vaters und Tausender anderer. Die Baracken standen nicht mehr, es gab nur noch das Modell davon im Lagermuseum. Ich bat einen Führer, mit seinem Stock auf die Baracke Nummer 65 zu deuten, und erklärte ihm den Grund dafür. Er tat es, und so fotografierten mich meine Begleiter, damit ich Mieciu ein Bild zeigen konnte. Fast war es, als sei er bei diesem Besuch an meiner Seite gewesen.

Ich fragte den Führer nach der Arbeit im Steinbruch, und er zeigte mir einen Schubkarren voll Steine mit einem Schild: »Mit diesem Wagen mußten Häftlinge Lasten bis zu 100 Zentner transportieren. Bei dieser Arbeit mußten sie singen, und SS-Männer nannten diese Arbeitskommandos ›Singende Pferde‹.«

Mieciu und sein Vater waren keine »singenden Pferde«. Sie schleppten die schweren Felsbrocken mit ihren Händen, im Rennen, bis ans Ende ihrer Kraft. So mußte der Tod durch Arbeit aussehen. Und Gott war nicht da...

Einige Tage später besuchte ich auch Weimar, doch ich befand mich noch immer mit Leib und Seele in Buchenwald.

Von Buchenwald hörte Mieciu 1991 auf gänzlich unerwartete Weise. Ich war zur Zeit des Golfkrieges zu einem Vortrag in Stuttgart eingeladen. Wir wußten nicht genau, wie wir den Ort dort finden sollten. Daher vereinbarten wir mit dem Organisator, daß er uns am Stuttgarter Flughafen, wo wir unseren Wagen stehenlassen wollten, mit seinem Auto abholen und zu unserem Bestimmungsort fahren sollte. Heinz Gasparitsch, so hieß er, war trotz seines fortgeschrittenen Alters ein Mann von überströmender Vitalität. Unterwegs begann er, Mieciu auszufragen, wo er während des Krieges war. Mieciu erzählte ihm von den Lagern, und als die Sprache auf Buchenwald kam und er ihm sagte, wann er dort war, brach der Mann in Tränen aus. Mieciu fragte ihn erstaunt nach der Ursache, und Gasparitsch erwiderte: »Ich hatte es im Gefühl, denn wir sind uns sicher über den Weg gelaufen, als Häftlinge...«

Es stellte sich heraus, daß er zehn Jahre in Dachau und danach in Buchenwald inhaftiert gewesen war, als deutscher Kommunist. Zu der Zeit, als Mieciu nach Buchenwald gebracht wurde, arbeitete Gasparitsch an einem jener Schalter in dem langen Korridor, der zur Dusche führte. Mieciu mußte also von ihm die Seife oder die Kleider erhalten haben...

Mieciu hat Buchenwald seit seiner Befreiung nie besucht.

9. Rehmsdorf

Mieciu wußte nicht, wohin ihn die SS im Februar 1945 schickte. Das Wichtigste für ihn war, aus Buchenwald herauszukommen, und er hatte keine Ahnung, daß er in ein Lager gebracht würde, das eine Außenstelle von Buchenwald war: Rehmsdorf in Sachsen-Anhalt.

Bei einem der Vorträge über seine Vergangenheit in der NS-Zeit an der Tübinger Volkshochschule vor einigen Jahren fiel Mieciu ein Mann auf, der in der ersten Reihe saß und jedes Wort von ihm verschlang. Nach Ende der Veranstaltung trat der Mann auf ihn zu, stellte sich als Manfred Gobert aus Reutlingen vor und bat, mit ihm zusammen fotografiert zu werden. Er hatte eigens eine Kamera dafür mitgebracht. Mieciu erfüllte ihm den Wunsch.

Gobert erzählte, daß er in Zeitz geboren war, acht Kilometer von Rehmsdorf entfernt, und sein Vater Meister bei Brabag, der Braunkohle-Benzin-Aktiengesellschaft, war, wo Mieciu als Lagerinsasse von Rehmsdorf Zwangsarbeit leistete. Mieciu erfuhr von Gobert, daß in Rehmsdorf ein Mann namens Lothar Czoßek lebt, der als Dorfchronist die Geschichte des Lagers und seiner Häftlinge in Rehmsdorf dokumentiert hat. Er stand an der Spitze derer, die für die Errichtung eines Mahnmals zum Gedenken an die Lageropfer gesorgt hatten. Herr Gobert schlug Mieciu vor, nach Rehmsdorf zu fahren, doch aus verschiedenen Gründen findet diese Reise erst jetzt, während ich dieses Buch schreibe, statt.

Als Herr Czoßek erfährt, daß Mieciu, einer der Überlebenden, Rehmsdorf besuchen will, schickt er uns über Herrn Gobert eine Dokumentation über das Konzentrationslager und seine Geschichte, die er herausgegeben hat, mit dem Titel: »Vernichtung, Auftrag und Vollendung – Dokumentation über das Außenlager des KZ Buchenwald« (1997).

In der Broschüre sind Zeugnisse von Überlebenden des Lagers, die nach dem Krieg Rehmsdorf wieder aufgesucht und von ihren Schicksalen berichtet haben. Darunter befinden sich der bekannte ungarische Schriftsteller Imre Kertesz sowie die beiden Brüder Rosenek. Letztere wurden von der deutschen Familie Arno Bach gerettet, die sie unter Lebensgefahr in ihrem Haus in Niederschmiedeberg versteckt hielten, bis die Amerikaner in den Ort einmarschierten. Auch die Namen der vielen Opfer des Lagers Rehmsdorf, die aus den Massengräbern herausgeholt und in Ehren begraben wurden, sind in der Broschüre genannt. In einem Kapitel, unter der Überschrift »Umgang mit der Vergangenheit«, werden unter anderem herbe Worte der Kritik geäußert über eine Entscheidung der Gemeindevertreter (nach der Wende), die ehemalige »Straße der Opfer des Faschismus« in »Straße der Opfer« umzubenennen. In den Augen des Verfassers zielt dies auf eine Verharmlosung der Verbrechen des deutschen Faschismus ab.

Es ist gut, daß es in Rehmsdorf Menschen wie Czoßek gibt, die alles tun, damit der Schrecken, mit seinem deutlichen Namen, nämlich der Schrecken des deutschen Faschismus nicht in Vergessenheit gerät.

Ich werde einige Abschnitte aus dieser Dokumentation zitieren, die ein Licht auf dieses wenig bekannte Lager der

Nazis werfen. Sie veranschaulichen, daß die Nationalsozialisten auch noch 1945 die Arbeitskraft der Häftlinge bis zum letzten ausbeuten wollten, bevor sie sie in den Tod schickten.

Im Vorwort zu dieser Dokumentation, verfaßt vom Ingenieur Dr. Schwarz, Direktor des Nachfolgeunternehmens der Brabag zu Zeiten der DDR, ist zu lesen:

> Unsere sechzigjährige Betriebsgeschichte begann 1937 mit dem Werk Brabag, wurde nach 1945 im VEB Hydrierwerk Zeitz fortgeschrieben und endete 1997, als die Hydrierwerk Zeitz GmbH ihre Tätigkeit einstellte.
>
> Stets war die Geschichte des Werkes mit der unserer Region aufs engste verknüpft, und es ist insbesondere für nachfolgende Generationen wichtig, diesen Zusammenhang zu erkennen und daraus Schlüsse zu ziehen.
>
> In der vorliegenden Dokumentation wird ein kleiner Teil unserer Betriebsgeschichte aufgearbeitet. Dieser Zeitabschnitt ist Mahnung gegen Unrecht und Gewalt in der Zeit des deutschen Faschismus.
>
> Wir fühlen uns zutiefst verpflichtet, die Erinnerung an die SS-Barbarei wachzuhalten, wie sie vom Juni 1944 bis zum April 1945 in unserem Werk geschah, und stets dafür einzutreten, daß nie wieder solche Verbrechen zugelassen werden.
>
> Wir gedenken der Opfer aus den Arbeitslagern unserer Umgebung, und wir fühlen mit ihren Hinterbliebenen. Den Überlebenden gilt unsere Achtung.

Die Dokumentation schildert unter anderem die Geschichte des Außenkommandos »Wille«, als Außenlager des Konzentrationslagers Buchenwald, des Brabag-Konzerns und die Gründe für die Errichtung eines Außenlagers:

Bereits vor 1933 wurde in Deutschland eine heimliche, zunächst aber noch begrenzte Aufrüstung betrieben. Mit der Errichtung der faschistischen Diktatur im Januar 1933 setzten dann aber eine allseitige Militarisierung der Wirtschaft und eine zunehmend offene Aufrüstung ein.

Zur materiellen Absicherung des von den Faschisten geplanten Krieges wurde die Produktion von synthetischem Stickstoff als Grundlage für die Herstellung von Sprengstoff durch den IG-Farben-Konzern enorm gesteigert. Für die Herstellung von synthetischem Kautschuk wurde das Bunawerk in Schkopau errichtet. Für die Durchführung eines modernen Krieges war gleichzeitig eine vom Ausland unabhängige, eigene Produktion von Treibstoffen für die Heeres-, See- und Luftstreitkräfte notwendig. Auf Weisung des Reichswirtschaftsministers erfolgte deshalb die Gründung einer Braunkohle-Benzin-Aktiengesellschaft (Brabag) um in neuen Produktionsstätten synthetische Treibstoffe im Massenumfang herzustellen. Diese Brabag errichtete in der Zeit von 1934 bis 1939 vier große Werke in Böhlen, Magdeburg, Schwarzheide und in Tröglitz bei Zeitz.

Der Standort Tröglitz war aus folgenden Erwägungen günstig: In unmittelbarer Nähe befanden sich unter anderem die Weiße Elster, Kohlengruben und Schwelereien sowie gute Eisenbahnverbindungen.

Es gab aber auch politische Gründe. So schrieb der Landrat damals an den Regierungspräsidenten in Merseburg: »Von den rund 6500 Arbeitslosen im Stadt- und Landkreis Zeitz werden voraussichtlich 4000 nicht wieder in den Arbeitsprozeß eingereiht werden können.« Die Ursache lag darin, daß im Bergbau und in der Maschinenindustrie weitestgehend rationalisiert worden war. Letztere war zum Teil mit dem Bergbau verknüpft und hatte von diesem keine wesentliche Auftragsbelebung mehr zu erwarten. Die Schließung der beiden Rehmsdorfer Betriebe, Grube »Neuglück« mit zirka 600 Beschäftigten und der Chemischen Fabrik mit etwa 1200 Beschäftigten, konnte von der anderen Industrie nicht aufgefangen werden. Daher hatte die Arbeitslosenquote in der Region Zeitz besorgniserregend zugenommen.

Die Brabag Zeitz entstand also in Vorbereitung eines Krieges und wurde mit ihrer Treibstoffproduktion ein wichtiger Betrieb zu seiner Absicherung. Mit der Aufnahme der Produktion im Jahre 1939 wurden 78000 Tonnen Treibstoff hergestellt, und 1942 waren es bereits 247000 Tonnen. Das änderte sich in diesem faschistischen Musterbetrieb, als es anglo-amerikanischen Bombenflugzeugen gelang, auch in unsere Region vorzudringen und vornehmlich Betriebsanlagen gezielt zu zerstören, die für die Treibstoffproduktion ausschlaggebend waren. Als am 12. Mai und am 28. Mai 1944 das Werk zweimal sehr schwer getroffen wurde, kam die Beseitigung der Schäden wegen fehlender Arbeitskräfte nur schleppend voran. Der Wiederaufnahme der Produktion standen Hindernisse im Weg, die im Werk nicht mehr gelöst werden konnten.

Da die Faschisten sehr stark an der Treibstoffproduktion interessiert waren, kam es zu Vereinbarungen zwischen Vertretern der Brabag und dem Arbeitseinsatzleiter des KZ Buchenwald, die den Einsatz von Häftlingen im Werk festlegten. Sehr schnell einigte man sich zu notwendigen Einzelheiten, wie Unterbringung, Verpflegung und besondere Sicherheitsmaßnahmen. Damit war die Idee eines Außenlagers geboren. Ein Vorauskommando aus Buchenwald überprüfte alle von der Werksleitung vorgeschlagenen Möglichkeiten. Einem Außenlager stand nichts mehr im Wege. Aus den Verhandlungen ging eindeutig hervor, daß in der Brabag Zeitz Häftlinge aus Buchenwald für dringende Arbeiten im Werksgelände als billige Arbeitskräfte eingesetzt werden sollten.

Von einem Vorkommando, das sich vorwiegend aus niederländischen Häftlingen zusammensetzte, wurden in Gleina die Lager im Saal des Gasthofes Harnisch und im Ochsenstall, der der Zuckerfabrik Zeitz gehörte, für die Aufnahme von Häftlingen vorbereitet. Ein Teil des Vorkommandos ging nach Erledigung der Aufgabe nach Buchenwald zurück, ein anderer Teil wurde als Lagerfunktionär eingesetzt. Aus dem Bericht des Internationalen Buchenwaldkomitees geht hervor, daß am 4.Juni 1944 der erste Transport von 200 Häftlingen aus Buchenwald abfuhr. Dieser Transport wurde in Gleina untergebracht. In ständiger Folge kamen nun Transporte von jeweils 1000 jüdischen Häftlingen von Buchenwald in Gleina an, so zum Beispiel am 11.Juni und am 15.Juni 1944. 947 Häftlinge trafen am 22.Juni ein, am 20.Juli waren es 1250 und am 8. September wiederum 1000 Häftlinge. Vor dem ersten Transport hielt der Arbeitseinsatzführer von Buchenwald auf dem Appellplatz eine kurze Ansprache und brachte zum Ausdruck: »Ihr dürft jetzt aufbauen, was eure Rassengenossen zerstört haben!«

Die verfügbaren Akten des Betriebsarchivs des Hydrierwerkes geben keine genaue Auskunft über das Eintreffen der einzelnen Häftlingsgruppen. Der erste dokumentarische Nachweis über die Existenz eines solchen Lagers trägt das Datum 11. Juni 1944. Es handelt sich hierbei um eine Aufstellung über vorhandene Zelte, in denen Häftlinge untergebracht werden sollten. Über die Existenz von KZ-Häftlingen im Werk gibt erstmals eine Einsatzliste der Bauabteilung der Brabag Auskunft. Die Liste ist eine Aufstellung der Arbeitskräfte, die im Werk Bauarbeiten verrichteten, darunter Deutsche, Kriegsgefangene und ausländische Zivilarbeiter. Zum ersten Mal werden Häftlinge des Konzentrationslagers auf einer Liste vom 17. Juni 1944 verzeichnet.

Der damalige Werksleiter Dr. Wille, der zugleich der Beauftragte des Betriebes für die politische Überwachung war, wurde von der Brabag auch verantwortlich gemacht für alle dem Betrieb zukommenden Aufgaben für das Außenlager des KZ Buchenwald, das offiziell auch den Namen KZ-Außenlager »Wille« erhielt.

Dieser Dr. Wille hielt ständige Verbindung mit der Gestapo und dem höheren SS-Führer und Vorstandsmitglied der Brabag, F. Kranefuß, dem Chef aller Abwehrbeauftragten der Brabag-Werke. Nachdem sich sehr bald zeigte, daß die 200 Häftlinge nicht ausreichten, um die notwendigen Arbeiten bei der Beseitigung der Bomben- schäden, beim Wiederaufbau und bei der Instandset- zung der Produktionsstätten zu leisten, wurde die Forde- rung nach weiteren Häftlingen als Arbeitskräfte gestellt. Die gesicherte Unterbringung von möglichst vielen Häftlingen wurde daher zur wichtigsten Aufgabe des KZ-Außenlagers »Wille«. Weder im Gasthof in Gleina noch im Ochsenstall war das jedoch möglich. Durch eine völlige Überbelegung waren dort bereits Zustände eingetreten, die weit schlechter waren als im Hauptlager Buchenwald. Es entstand ein Plan, ein Zeltlager aufzu- bauen.

In unmittelbarer Nähe des Werkes, an der Straße nach Rehmsdorf gelegen, waren noch Betonfundamente von ehemaligen Bauarbeiterbaracken vorhanden. Sie wurden nun für das Aufstellen von Zelten zur Unterbringung von Häftlingen genutzt, und der Platz wurde mit Stachel- drahtzaun umgeben. Noch im Juni 1944 wurden von einem Vorkommando die Mannschaftszelte aufgestellt. »Die Zelte gehören verschiedenen Privatunternehmen und sollten aufgekauft oder gepachtet werden. Die Zelte waren für 2 320 Häftlinge und 210 Mann der Bewachungs- mannschaften vorgesehen. In den Häftlingszelten waren für je einen Häftling ein Quadratmeter Raum vorgese- hen. Die Bewachungsmannschaften hatten natürlich weit mehr Raum zur Verfügung.« (Mühlfried).

»Aufgrund einer Verordnung mußte das Zeltlager aus der unmittelbaren Nähe des Werkes entfernt werden.

Diese Verordnung wird herausgegeben worden sein, weil die Angriffe auf das Werk die Arbeitskräfte gefährdeten. Zum Beispiel bedrohte ein Bombenangriff am 16. August 1944 das Zeltlager ernstlich. Des weiteren wird der bevorstehende Winter die Werksleitung und die SS veranlaßt haben, ein größeres, festeres Lager zu errichten. Das erste Dokument über den Bau eines Barakkenlagers zeigt das Datum vom 30. September 1944 und stellt eine Anweisung an die Baufirma dar. Als Termin für die Fertigstellung wird der 31. Dezember 1944 angegeben. Die geplante Belegungsstärke für das Lager betrug 4 000 Häftlinge.« (Mühlfried)

Eine Gelegenheit für die Errichtung eines festen Lagers gab es in Rehmsdorf auf dem Gelände der ehemaligen Chemischen Fabrik, die vor Jahren stillgelegt wurde und deren Gebäude abgebrochen waren. Eine Besichtigung durch Werksleitung und SS und Lagebesprechung brachten Einverständnis, an dieser Stelle ein festes Barakkenlager zu bauen. Schnell wurden die notwendigen Verhandlungen zum Abschluß gebracht, und es konnte mit der Projektierung und dem Bau begonnen werden.

Beauftragt mit dem Bau des Barackenlagers in Rehmsdorf wurde die faschistische Bauorganisation Todt (OT). Von dieser Organisation wurden unverzüglich alle Vorarbeiten getroffen, um den gestellten Termin, den 31. Dezember 1944 einzuhalten. Aus den besetzten Ländern Osteuropas wurden Arbeiter durch die OT nach Rehmsdorf verpflichtet, um das Vorhaben auszuführen. Es handelte sich dabei vorwiegend um Männer aus Lettland und Estland, die auch Pferdefuhrwerke als Transportmittel zur Verfügung stellen mußten.

Zunächst wurde unmittelbar neben dem Sportplatz an der Bahnhofstraße ein Gebäude errichtet, das als Aufenthaltsraum und Lager für Arbeitsgeräte und Material dienen sollte. Sofort nach der Fertigstellung dieses Hauses wurde mit der Herstellung von Betonträgern und Platten für die Dächer begonnen, die zum Trocknen auf dem Sportplatz ausgelegt wurden. Auf dem Lagergelände wurden notwendige Planierungs- und Ausschachtungsarbeiten vorgenommen und die Fundamente betoniert.

Eine größere Häftlingsgruppe aus dem Zeltlager mußte ebenfalls täglich nach Rehmsdorf marschieren, um dort beim Bau des Barackenlagers zu helfen.

Auch hier waren die Gefangenen der grenzenlosen Willkür der SS ausgeliefert. Es mußte Bauschutt vom Gelände geräumt werden, und für die Betonfundamente waren Gräben auszuschachten. Wegen der noch vorhandenen älteren Fundamente mußten viel Mühe und Kraft aufgewendet werden, um die erforderliche Tiefe zu erreichen. Der Transport und Einbau von Betonplatten sowie tragenden Betonelementen waren kräftezehrend. Dabei platzte die Haut an den Händen auf, jedoch behandelt wurden die schmerzenden Wunden nicht. Es war schon wohltuend, wenn die Häftlinge ein Stück Zeitungspapier darauf legen konnten.

Im Schnellbauverfahren entstanden 18 Baracken, obwohl für das Rehmsdorfer Lager 20 verschiedene Flachgebäude aus festem Material geplant und projektiert waren. Es wurde ohne Rücksicht auf baupolizeiliche Verordnungen, nur nach den Ansichten der SS und des Gestapo-Chefs Wille gebaut, um den Termin einzuhalten. Für eine geplante Belegung von zirka 4 000 Häftlingen waren zehn Unterkunftsbaracken vorgesehen. Gebäude für Aborte und Waschanlagen wurden nicht gebaut, obwohl bei einem bereits Fundamente vorhanden waren. Eine kleinere Unterkunftsbaracke richtete man deshalb provisorisch als Waschbaracke ein, die aber keinen Wasseranschluß bekam. Das Wasser mußte deshalb mit Wasserwagen aus dem Werk angefahren werden, was jedoch vorwiegend die Küche in Anspruch nahm.

Das Häftlingslager war durch einen zwei Meter hohen Stacheldrahtzaun mit Betonsäulen gesichert. Zusätzlich waren Leitungen angebracht, die ständig unter Strom standen, um Fluchtversuche zu verhindern. Außerdem errichtete man an fünf verschiedenen Stellen des Lagers Wachtürme, die mit starken Scheinwerfern und Maschinengewehren ausgerüstet waren. Um den gesamten Lagerbereich waren etwa 20 Schilder mit folgendem Text angebracht: »Achtung! Das Fotografieren und Stehenbleiben im Lagerbereich ist strengstens verboten. Es wird ohne Aufruf scharf geschossen. – Der Kommandoführer.«

Ende Dezember 1944 konnte die Bauleitung der OT dem Abwehrbeauftragten und der SS das Lager Rehmsdorf, obwohl noch unvollständig, übergeben.

Der Umzug aller Häftlinge des Zeltlagers in das Barackenlager einschließlich des spärlichen Inventars erfolgte in der Nacht vom 31. Dezember 1944 zum 1. Januar 1945. Die Bewohner von Rehmsdorf sollten von dieser Maßnahme nach Möglichkeit nichts sehen und hören.

Die Häftlinge fanden schlechte Bedingungen vor. In jeweils einer Baracke sollten 450 Menschen untergebracht werden. Von den noch frischen Betondecken und Wänden tropfte das Spritzwasser. Das Barackenlager verbesserte also in keiner Weise die Lebensbedingungen der gequälten Menschen. Ihre persönliche Habe bestand aus der dünnen Häftlingsbekleidung, einer ebenfalls dünnen, fast zerlumpten Decke, einer blechernen Schüssel mit Eßlöffel und aus Schuhwerk, das kaum noch, weil kaputt und abgetreten, als solches bezeichnet werden konnte. Der Standort des Barackenlagers war zudem etwa drei Kilometer vom Werk, der Arbeitsstätte der Häftlinge, entfernt. Sie hatten nun also täglich einen wesentlich weiteren Weg dorthin zu bewältigen. Das Außenkommando »Wille« bedeutete weitere und neue Qualen für die Geschundenen.

In den Arbeitslagern sollten die Gefangenen durch unmenschliche Arbeit vernichtet werden. Es muß aber noch ein weiterer Aspekt gesehen werden: Durch den massenhaften Einsatz von KZ-Häftlingen in der Rüstungsindustrie stiegen die Gewinne der Konzerne und der SS ins Unermeßliche. Dafür hatte die SS für alle Häftlingsgruppen genaue Tarife erarbeitet, nach denen die Betriebe zu zahlen hatten.

Für einen Häftling in der Brabag wurde ein Hilfsarbeiter-Tagessatz von vier Reichsmark festgelegt. Das war genau die Hälfte des Satzes, der im Werk für Hilfsarbeiter gezahlt wurde. Das mag zunächst bescheiden ausgesehen haben, jedoch machte die Masse den Gewinn. Werkleitung und SS waren natürlich in keiner Weise daran interessiert, diesen Profit offenzulegen. Aufgrund der vorliegenden Übersicht zur Lagerbelegung aus dem Betriebsarchiv des Hydrierwerkes läßt sich aber leicht errechnen, was allein die SS durch die Ausbeutung der an die Brabag »vermieteten« Häftlinge verdiente: An einem einzigen Tag im Juni 1944 kassierte sie zum Beispiel 11 912 Reichsmark.

In der Tat, die Vernichtung von Häftlingen durch Arbeit war ein äußerst lohnendes Geschäft. Viele haben sich dadurch bereichert, daß sie Menschen zu Sklaven machten.

Februar 1945: Mieciu und die anderen Häftlinge, die für den Lagerwechsel ausgewählt worden waren, wurden mit unbekanntem Ziel in Viehwaggons gepfercht. Nach einigen Stunden Fahrt erreichten sie einen Dorfbahnhof, an dem »Rehmsdorf« stand. Das Lager grenzte an die Zugstation.

Die Häftlinge wurden in Ziegelsteinbaracken getrieben, in denen es drei Reihen der üblichen dreistöckigen Pritschen gab. Sie mußten um fünf Uhr morgens aufstehen, erhielten ihre tägliche Brotration, und danach fand die Zählung auf dem Appellplatz statt. Um halb sechs marschierten sie zur Arbeit ins Brabag-Werk, das etwa drei Kilometer weit vom Lager entfernt lag. Der Zug der Arbeiter wurde von SS-Leuten begleitet, größtenteils rumänischer Herkunft.

»Die Brotverteilung verlief folgendermaßen«, berichtet Mieciu: »Wir bekamen jeder 100 Gramm Brot am Tag. Dazu bildeten wir Gruppen von zehn Leuten. Einer aus der Gruppe ging in der Früh zur Küche und holte das Brot, das eine rechteckige Form hatte und ein Kilo wog, um es in zehn Portionen zu je 100 Gramm zu teilen. Zu diesem Zweck hatte sich jede Gruppe eine primitive Waage gebastelt, die aus zwei Holzstücken bestand, die in der Mitte über Kreuz zusammengenagelt waren. An den Enden der Kreuzarme waren mit Hilfe eines Fadens Pappkartonstückchen oder Schuhcremdeckel befestigt, sozusagen als Waagschalen. Mit dieser Waage wurden die Brotrationen ausgewogen. Der jeweilige Verantwortliche aus der Gruppe schnitt das Brot mit Hilfe eines zugeschliffenen Suppenlöffels ab, der als Messer herhalten mußte. Um denjenigen, der wog, bildete sich ein Halbkreis, und wir alle kontrollierten mit, daß das Abwiegen exakt war und jeder Brotkrümel berücksichtigt wurde. Ich glaube, nicht einmal Gold wird heute so gewogen.

Ich teilte meine Ration in zwei Hälften. Die eine nahm ich sofort morgens zu mir, mit ein wenig tee- oder kaffeeähnlicher Flüssigkeit, die wir erhielten, und die zweite Portion steckte ich in meine Hosentasche, um sie zusammen mit der Wassersuppe zu essen, die man uns am Mittag ausgab. Am Abend bekamen wir nur etwas zu trinken.

Im Laufe des Tages passierte es häufig, daß es Alarm wegen eines Luftangriffs der Alliierten gab. Dann mußten wir zu einer kleinen Kiesgrube rennen, die ein paar hundert Meter entfernt von unserem Arbeitsort lag. Eine meiner kleinen Freuden damals war es, unsere deutschen Wachleute zu sehen, die manchmal bleich vor Angst waren, richtig weinten und zitterten und von ihren Frauen und Kindern sprachen, was aus ihnen würde...

Doch meine Angst vor ihnen war größer als die vor den Bomben...

Wenn ich die Kiesgrube erreicht hatte, kroch ich als erstes unter das Fuhrwerk, das dort abgestellt war, und aß die zweite Hälfte meines Brotstücks, damit das Brot nicht verlorenginge, sollte ich von einer Bombe getroffen werden... So funktioniert die Denkweise eines ausgehungerten Menschen.

Ich kann mich erinnern, daß mein größter Traum zu jener Zeit war, einen riesigen runden, frischen Laib Brot sowie ein scharfes Messer zu haben, allein in einem Zimmer sitzen zu können, ohne daß mich jemand störte, und nach Gutdünken von diesem Brot zu essen. Mehr verlangte ich nicht vom Leben.

Ich erinnere mich an die vereinzelten ›angenehmen‹ Momente, die wir hatten, wenn wir vor dem Schlafengehen in der Baracke saßen und jeder erzählte, was seine Frau oder seine Mutter immer kochte und wie sie das genau machte. Wir redeten und schluckten den Speichel hinunter, der uns dabei im Mund zusammenlief.

Nach Rehmsdorf waren wir im Februar geschickt worden, mit den Kleidern, die ich in Buchenwald hatte, und mir war bitterkalt. Wie alle anderen strotzte ich vor Läusen, die auch noch aus dem Bett über mir auf mich herunterfielen. In Rehmsdorf gab es keine Entlausungsanlage. Die Wasserhähne hinter dem Appellplatz funktionierten nie, und für gewöhnlich wusch ich mich recht und schlecht am Arbeitsort, in einer Wasserpfütze, die sich nach dem Regen gebildet hatte. Ich trocknete mich mit dem Hemd ab, das dann auf meinem Körper trocknete. Im Lager Rehmsdorf gab es überhaupt keine funktionierenden Waschvorrichtungen.

Die Arbeit bei der Brabag war sehr schwer, und wenn ich heute daran denke, habe ich nicht die leiseste Ahnung, wie ich sie, in dem abgemagerten Zustand und meiner generell heruntergekommenen körperlichen Verfassung, leisten konnte.

Wir verlegten Eisenbahnschienen für Güterzüge. Die Schienen zerrten wir einem Haufen herunter, auf dem sie lagen, und sie waren ungemein schwer. Wir schoben Rollkarren voller Eisenschrott und mußten zu zweit Sauerstoffbehälter, von denen jeder 80 Kilo wog, zu dem Platz schleppen, wo die Schweißer arbeiteten, und manchmal noch zu anderen Orten. Jeder von uns hatte einen Strick um die Hüften, an dem das Eßgeschirr hing, und in der Pause wurde dann die erwähnte Wassersuppe ausgeteilt.

Die Toten sahen wir am Morgen im ganzen Lager zu Dutzenden verstreut zwischen den Baracken liegen. Es handelte sich nicht um Erschossene, sondern um solche, die vor Erschöpfung, Hunger oder an Krankheiten gestorben waren. Der größte Teil der Toten waren Juden aus Ungarn. Meiner Meinung nach gab es für dieses Phänomen eine Erklärung: Wir, die polnischen Juden, hatten bereits einige Jahre Konzentrationslager durchgemacht und waren in gewissem Maße gestählt, während die Juden aus Ungarn direkt aus ihrem Zuhause gerissen, aus ihrem fast normalen Leben in dieses grauenhafte Lager gebracht worden waren. Sie litten an einem dauerhaften Hunger, auf den unsere geschrumpften Mägen weit weniger empfindlich reagierten. Um das Hungergefühl zu besiegen, tauschten sie häufig ihre tägliche Brotration gegen eine Futterrübe mit Leuten, die bei Bauern in der Umgebung arbeiteten und denen es gelang, die Rüben ins Lager zu schmuggeln. Diese eine Rübe konnte man in Scheibchen aufteilen, in die Hosentasche stecken und während des ganzen Tages daran kauen, was den Hunger allem Anschein nach stillte, vom Nährwert her gesehen jedoch gleich Null war. Die Leute waren vom Hunger aufgebläht und starben in Massen.

Um sieben Uhr abends, wenn wir zu Tode erschöpft von der Arbeit zurückkehrten, mußten wir uns noch auf dem Appellplatz zur Zählung der Häftlinge aufstellen.

Anfang April begann die Front näherzurücken, wir hörten, daß die Amerikaner im Vormarsch seien, und man konnte den Widerhall der Artilleriegeschütze in weiter Ferne ausmachen. Ich kann nicht einmal sagen, ob ich damals an ein Ende des Krieges gedacht habe, ich lebte nur im Augenblick, mehr nicht.

Noch Anfang April wurden wir am Bahnhof von Rehmsdorf auf den Zug verladen, etwa 2500 Leute, und wieder machten wir uns auf den Weg zu einem unbekannten Ziel. Es waren offene Güterwaggons, in jedem saßen ein SS-Mann und zwei Soldaten vom Volkssturm, entweder sehr alte oder blutjunge. Jeder von uns erhielt einen Kilolaib Brot, und so ging es auf die Reise. Wir fuhren ungefähr drei bis vier Stunden, und an einer der Bahnstationen, an deren Namen ich mich nicht mehr erinnere, wurde unser Zug bombardiert. Wir hatten den Zug schon vorher verlassen, nach dem Alarm am Bahnhof, und hatten uns in einem kleinen Wald zerstreut. Als das Bombardement vorbei war, begannen die Deutschen nach uns zu rufen, wir sollten zum Bahnsteig zurückkehren, und schickten auch eine ganze Reihe von Mitgliedern der örtlichen Hitlerjugend aus, um die Häftlinge in dem Wäldchen zu suchen. Nachdem wir zurückgekommen waren, sahen wir, daß der Zug völlig zerstört war, und aus der Lokomotive traten Ströme von Wasser aus. Die Deutschen entschieden, daß wir unseren Weg zu Fuß fortsetzen sollten. Sie teilten uns mit, wer das Gefühl hätte, es nicht zu Fuß zu schaffen, sollte sich abseits stellen, es würden nachher Lastwagen herbeigeschafft, die sie mitnähmen. Ich glaubte ihnen kein Wort.

Etwa 400 bis 500 Menschen blieben an der Bahnstation zurück; wir sahen sie nie wieder.

Wir machten uns in Gruppen zu je hundert Leuten auf den Weg. Alle paar Minuten wurde eine weitere Gruppe in Marsch gesetzt, jede in Begleitung eines SS-Manns und zwei Männern vom Volkssturm.

Ich hatte das Lager in Häftlingskleidung mit Holzpantinen verlassen und mir eine zusammengerollte Decke schräg über die Schultern gelegt, die ich an meinen Hüften festmachte.

Wir gingen etwa zwölf Tage durch das ganze Sudetenland, und während dieser Zeit erhielten wir einmal Wassersuppe und ungefähr zwei Tage danach drei Kartoffeln mit Schale. Die restlichen Tage über aßen wir Gras. Wir bekamen fast alle Durchfall davon, und da es unmöglich war, jeden Augenblick anzuhalten, verrichteten wir unser Bedürfnis in die Hosen, beim Gehen. Sich dazu hinzusetzen, war nur während der Rastzeiten erlaubt, die von den Deutschen festgesetzt wurden, die uns führten. Sie aßen natürlich ihre ganz normalen Portionen.

Das Ziel dieses schrecklichen Marsches wurde uns nicht mitgeteilt. Wer nicht mehr weitergehen konnte, setzte sich in den Straßengraben, und ein SS-Mann aus der Führungsmannschaft der folgenden Gruppe erschoß ihn.

Mein etwa gleichaltriger Freund, der neben mir marschierte, Hugo Gichner, sagte plötzlich zu mir, er könne nicht weitergehen. Ich hatte nicht mehr die physische Kraft, ihn zu stützen, aber ich sagte ihm, solange er spüre, daß sich seine Füße bewegten, müsse er gehen, sonst würde er umgebracht. Auf diese Weise schleppte sich Hugo noch einmal etwa drei Kilometer weiter, bis er wieder sagte, er könne unter keinen Umständen mehr weitergehen. Wir nahmen mit einem Kuß Abschied. Er setzte sich in den Graben am Wegrand, und nach einiger Zeit, während einer Rastpause, passierte uns eine andere Gruppe mit einem Freund von mir. Er hatte gesehen, wie man Hugo getötet hat.

Am Ende des Marsches erreichten wir Theresienstadt, etwa 750 Personen.«

Mieciu erzählt das alles mit nahezu monotoner Stimme, aber das Grauen, das in der Luft liegt, nimmt für mich das Gesicht des achtzehnjährigen Hugo Gichners an, der am Ende seiner Kräfte im Straßengraben sitzt und auf den Tod durch seinen Mörder wartet.

Wir haben beschlossen, endlich nach Rehmsdorf in Sachsen-Anhalt zu fahren. Der Kreis soll sich schließen. Wir fahren mit Herrn Gobert, der aus Zeitz stammt und der die Idee zu dieser Reise bereits vor Jahren aufgeworfen hat, begleitet von unserem Sohn Michael und seinem besten Freund, Tomi von Keller.

Wir erreichen den Ort am Nachmittag, nachdem uns Passanten freundlich den Weg gewiesen haben.

»Nie hätte ich damals gedacht, es könnte möglich sein, daß ich eines Tages mit meinem Auto, meiner Familie und deutschen Freunden hierherkommen würde«, bemerkt Mieciu.

Herr Czoßek, seine Frau und der stellvertretende Bürgermeister, Herr Liverski, erwarten uns und heißen uns herzlich willkommen. Sie bringen uns zur Gemeindeverwaltung und laden uns ein, die Räume zu besichtigen, in denen das Dorfmuseum untergebracht ist, »von der Besiedlung bis zur Gegenwart«.

Wir werden mit einem festlich gedeckten Tisch überrascht, mit einem Imbiß, Kaffee und Kuchen – das Werk von Frau Czoßek.

In den Museumsräumen sind verschiedene Arbeitsgeräte, einige Stickereien und andere sehr alte Handarbeiten, ange-

Lothar Czoßek und Mieciu Langer

fangen vom Tag der Dorfgründung, ausgestellt. In der Ecke des ersten Raumes steht ein Holzmodell des Konzentrationslagers Rehmsdorf auf dem Tisch, neben einem Originalschild, das auch in der Dokumentation beschrieben wird, mit dem Fotografierverbot des Lagers und den schrecklichen Worten: »Es wird ohne Anruf scharf geschossen.« Wir fotografieren dieses Schild als eines der konkreten Zeugnisse der Vergangenheit. Mieciu zeigt an dem Modell die ungefähre Stelle, wo seine Baracke gestanden hat.

Über dem Tisch mit dem Lagermodell hängen an der Wand Zeitungsausschnitte und Bilder von verschiedenen Ereignissen im Leben des Dorfes, ebenso vom Lager Rehmsdorf.

Mieciu ist von der Persönlichkeit Herrn Czoßeks stark beeindruckt, der es auf sich genommen hat, die Geschichte des Lagers zu dokumentieren, und bis zum heutigen Tag eine Aufgabe darin sieht, dieses Grauen weiten Kreisen zu vermitteln, damit es sich niemals wiederholt. »Es ist gut zu wissen, daß es solche Menschen gibt, auch wenn es, zu unserem Bedauern, nicht viele sind«, sagt Mieciu.

Er erzählt den Anwesenden vom Lager, wir essen und trinken, und die Atmosphäre ist freundschaftlich, als würden wir uns schon lange kennen. Danach machen wir uns alle zusammen auf den Weg, um den Bahnhof und das Lager zu besichtigen.

Die erste bewegende Station ist der Bahnhof. »Von hier aus habe ich den Todesmarsch begonnen, der zu meinem Glück für mich nicht mit dem Tod endete, aber für so viele ihr letzter Weg war«, sagt Mieciu. Der Bahnhof wirkt heruntergekommen, die Aufschrift »Rehmsdorf« an der Wand ist noch die gleiche wie 1945, und Mieciu meint, die Bahnstation habe sich

Bahnhof Rehmsdorf

seit damals nicht verändert. Er blickt auf die Gleise und sagt
zu uns: »Ihr müßt euch vorstellen, auf diesen Gleisen bin ich
als hungernder Häftling vor 53 Jahren gefahren...«

Dieser Ort, den ich nur vom Hörensagen als Teil der Geschichte kannte, die mir Mieciu erzählt hat, wird plötzlich
Realität. Und so wird er mir im Gedächtnis bleiben.

Eine Gruppe Jugendlicher passiert uns auf dem Bahnsteig
und grüßt höflich. Ich habe das Verlangen, sie aufzuhalten und
ihnen zu erzählen, weshalb wir hergekommen sind, doch ich
tue es nicht. Sie sind nett und höflich, doch ich kann ihre mögliche Reaktion nicht abschätzen.

Gegenüber vom Bahnhofseingang befindet sich ein Mahnmal an die Opfer des Lagers Rehmsdorf. Es wurde 1963 errichtet und damals mit großem Publikum eingeweiht. Auf der

Mieciu Langer am Mahnmal in Rehmsdorf

steinernen Tafel sind die Worte eingemeißelt: »Wir mahnen. Den Häftlingen des KZ Buchenwalds, Lager Rehmsdorf.«

Das Mahnmal sieht gepflegt aus, und davor liegen frische Blumen. Herr Czoßek hat einen Blumenstrauß mitgebracht, den er Mieciu gibt und der ihn dort niederlegt.

Wir gehen weiter zum Lager, besser dem, was davon übriggeblieben ist. Unsere Gastgeber erzählen uns, daß in allerlei Gebäuden des Lagers, die saniert wurden, Privatleute wohnen. Was die Baracken angeht, die als Unterkünfte der Häftlinge gedient hatten, so beherbergten viele von ihnen zu DDR-Zeiten verschiedene Werkstätten, die nach der »Wende« zum Teil aufgelöst worden sind.

In dem Haus, in dem die Lagerküche gewesen war, die Mieciu gut in Erinnerung behalten hat, befindet sich ein Steinmetzbetrieb, und ein anderer Teil ist in eine Wohnung umgewandelt worden. Mieciu zeigt uns die Stelle, die früher der Appellplatz war, auf dem jetzt ein großes Lagergebäude steht.

Die Gegend ist von üppigem Grün und mit Obstbäumen bestanden, behäbig und ruhig. Am Fenster eines Hauses steht eine junge Frau. Ich frage sie, ob sie sich dessen bewußt ist, was hier vorher gewesen war, und sie bejaht es. Daraufhin frage ich sie noch, ob es ihr irgend etwas ausmache, an einem solchen Platz zu wohnen. Sie antwortet mir, ganz und gar nicht.

Als wir weitergehen, nähern wir uns langgestreckten Ziegelsteingebäuden, die heruntergekommen sind und zerbrochene Fensterscheiben haben. Mieciu erkennt sofort die Baracken.

Baracke in Rehmsdorf

»Hier muß es gewesen sein«, sagt er. Eine der Baracken ist offen, und es ist möglich, hineinzuschauen. Es ist eine große Halle mit Stützpfeilern in der Mitte. Mieciu zeigt uns die Plätze, wo die Pritschen standen. Ich frage ihn, was er in diesem Moment fühlt, während er all dies wiedererkennt, und er antwortet mir: »Es fällt mir schwer zu glauben, daß meine Füße diesen Ort betreten haben sollen, in den Holzschuhen eines halb verhungerten Häftlings, und daß ich mit ihnen heute als freier Mensch hierherkomme. Nichts anderes empfinde ich.«

Michael ist die ganze Zeit über seinem Vater gefolgt, während Herr Gobert und Tomi fotografieren. Später sagt Michael zu mir: »Es war bewegend, mitanzusehen, wie sich Vater an alle Einzelheiten erinnert. Auch die Begegnung mit den Deutschen, die sich solche Mühe geben, die Vergangegnheit und das Mahnmal zu bewahren, war beeindruckend. Es ist etwas Einmaliges, daß es möglich ist, so auf den Spuren Vaters schrecklicher Vergangenheit zu wandern.«

Tomi sagt: »Für mich sehr bedeutend war die Vermischung von deutschen Geschichtsperioden, die ehemalige DDR im Vordergrund und andererseits das Schreckliche, was Mieciu erlebt hat, das aus heutiger Sicht für mich unvorstellbar ist. Schade, daß die Baracken verfallen werden und nichts mehr da sein wird. Das Mahnmal bleibt, aber es ist für mich etwas Abstraktes.«

In der folgenden Nacht, schon zurück in Tübingen, steigen die Bilder von Rehmsdorf wieder vor mir auf – die Bahnstation, die Baracken und Mieciu, der zwischen ihnen herumgeht und seine Vergangenheit wieder zum Leben erwecken will.

Doch zu seinem Glück ist er so fest in der Gegenwart verwurzelt, daß sich das Grauen weigert, zu ihm zurückzukehren, nicht einmal für einen einzigen Augenblick.

10. Kleine Festung Theresienstadt

Mieciu erreichte Theresienstadt nach dem geschilderten Todesmarsch als ein Schatten seiner selbst, halb bewußtlos.

Ich werde noch darauf zurückkommen, doch möchte ich an
dieser Stelle einige Abschnitte aus einer Dokumentation über
dieses Lager anführen, die ein Licht auf diese letzte Station in
Miecius Leidensweg werfen. Es handelt sich um die Broschüre
»Kleine Festung Theresienstadt – Dokumente« von Tana
Kulisova und Nase Vojsko, erschienen 1966 in Prag:

> Im Jahre 1763 verlor Österreich nach der Niederlage im
> Siebenjährigen Krieg mit Preußen Schlesien. Die öster-
> reichische Regierung befürchtete neue Einfälle der Preu-
> ßen nach Böhmen und hielt es für notwendig, im Nor-
> den Böhmens Befestigungen zu errichten, die das Land
> vor diesem Einfall schützen würden. Und so legte Kaiser
> Josef II. am 10. Oktober 1780 den Grundstein zum Bau
> einer Festung, die nach der Mutter des Kaisers Maria
> Theresia benannt wurde.
>
> Theresienstadt bestand lediglich aus zwei Festungen,
> von denen die große als die Stadt Theresienstadt be-
> kannt ist, wo die Nazis ein Juden-Getto errichteten. Die
> Kleine Festung wurde laut alten Aufzeichnungen bald
> als schweres militärisches Gefängnis benutzt. In die Fe-
> stungsmauern wurden Zellen eingebaut, die bis auf den
> heutigen Tag unverändert blieben.

Nach dem Einfall der Nazi-Truppen in das Gebiet Böhmens und Mährens übernahm die Gestapo die Kleine Festung als geeignetes Objekt für die Errichtung eines Konzentrationslagers. Am 10.Juni 1940 erhielt der SS-Mann Heinrich Jöckl, der damalige Kommandant des Internierungslagers in Škrochovice bei Opava, den Befehl, die Kleine Festung als Gefängnis für politische Häftlinge zu übernehmen, und am 14.Juni wehte bereits die Fahne mit dem Hakenkreuz von ihren Mauern. Ihre Tore passierten die ersten Häftlinge.

Das Kommando des Büros hatte der Oberaufseher Schmidt. Nachdem der Name des Häftlings ausgerufen worden war, mußte dieser das Empfangsbüro betreten und Wertgegenstände und alles aus dem Paket abliefern, in dem er seine bescheidene Habe hatte, meist Reservewäsche und einige Nahrungsmittel, worauf er nach Ermittlung der Personalien durch Schläge und Fußtritte aus dem Raum gejagt wurde. Dieser Prozedur konnte niemand ausweichen. Jeder Häftling wurde einer gründlichen Durchsuchung unterzogen, damit er kein Geld, keine Schmuckgegenstände oder Kassiber durchschmuggelte. Falls man etwas bei ihm fand, was er geheimhalten wollte, wurde er auf der Stelle erschlagen. Am schlimmsten ging man mit den Juden um. Die wurden als letzte »erledigt«, und von jedem Transport wurden mehrere erschlagen.

Falls ein Transport aus dem Theresienstädter Getto kam, gebärdeten sich die Aufseher besonders grausam. Sehr oft war bei der Aufnahme des neuen »Zugangs« der

Festungskommandant Jöckl anwesend, der die »Arbeit« der Aufseher aufmerksam verfolgte: Diese schlugen die Häftlinge nicht nur mit Stöcken, sondern auch mit Schlagringen, Geißeln mit Bleikugeln, und wenn sie nichts anderes hatten, auch mit Stühlen. Jöckl selbst »arbeitete« nur mit den Händen, aber ein einziger Hieb von ihm vermochte einen gesunden, rüstigen Menschen zu töten.

In der Hofverwaltung wurden die kompletten Verzeichnisse aller Häftlinge aufbewahrt, die nach der »Aufnahme« in Theresienstadt aufhörten, Menschen zu sein, und zu bloßen Nummern wurden. Die Gestapo-Leute zählten nie Personen, sondern nur Stücke.

Über jeden Häftling wurde Buch geführt, in welcher Zelle er untergebracht und welcher Arbeitskolonne er zugeteilt wurde. Despotisch und hart herrschte hier der Aufseher Rojko, Jöckls Liebling, weil er stets widerstandslos und blind alle seine Befehle zur Liquidierung von Häftlingen erfüllte und die größte Anzahl der Morde in der Kleinen Festung auf dem Gewissen hatte.

Die Theresienstädter Häftlinge waren einerseits bei verschiedenen Arbeiten in der Festung, andererseits in »Kommandos« außerhalb der Festung eingesetzt. Die meisten Häftlinge waren außerhalb der Festung in sogenannten »Außenkommandos« beschäftigt.

Das Kommando, das der Festung am nächsten arbeitete, hatte den Sumpf vor den Festungsmauern trockenzulegen. Hier waren die meisten Juden eingesetzt, und die meisten fanden bei dieser Arbeit auch den Tod.

Im Sommer 1944 wurden 60 jüdische Frauen aus Köln am Rhein in die Kleine Festung gebracht; sie waren für das Getto bestimmt, aber der Getto-Kommandant schickte sie in die Kleine Festung zur raschen Liquidierung – in den Tod. In kurzer Zeit starben fast alle an Ruhr.

Jöckl kam nie in die Nähe der Zellen, die Aufseherinnen betraten sie ebenfalls nur im Notfall. Jöckl ließ einmal verlauten, für ihn sei die ganze Frauenabteilung nur ein »anatomisches Institut«. Für ihn gab es nur einen gesunden oder einen toten Häftling, nie jedoch einen kranken.

Auch in den Krankenzellen führte die Gestapo Untersuchungen durch. Patienten mit hohem Fieber wurden im Frost auf den Hof gejagt, die Aufseher warfen ihre gesamte armselige Habe und auch die Medikamente hinaus und trieben die Häftlinge mit groben Bemerkungen, mitunter mit Hieben, in die Zellen zurück. Diese »Untersuchung« mußte so mancher mit dem Leben bezahlen.

Obwohl das Krankenhaus nur für 60 Personen bestimmt war, waren hier bis zu 190 Patienten untergebracht. Sie lagen auf dünnen Strohsäcken auf dem Boden, stets mehrere nebeneinander, und wenn der Strohsack verunreinigt und nicht mehr zu gebrauchen war, wurde er weggeworfen. Einen neuen Strohsack gab die Lagerverwaltung nicht mehr her, und so mußten die Patienten auf nacktem Beton liegen und oft auch sterben.

Besondere Erwähnung verdienen die Ärzte (Häftlinge), die in der Kleinen Festung, bis zum Umfallen müde, den Sanitätsdienst versahen. Sie kämpften um jedes Menschenleben, das von den Nazis absichtlich vernichtet wurde. Mit einem Minimum an Medikamenten, mit den primitivsten Instrumenten, in Schmutz, in feuchten, dunklen und unsauberen Räumen vollbrachten sie wahre Wunder. Oft aber reichte auch die medizinische Wissenschaft und die Aufopferung der Ärzte nicht aus. Sie mußten häufig machtlos zusehen, wie ein Menschenleben verlorenging, das hätte gerettet werden können, wenn die notwendigen Medikamente dagewesen wären.

Sehnsüchtig erwarteten sie den Besuch der Vertreter des Internationalen Roten Kreuzes, aber als diese endlich in die Festung kamen, schenkten sie dem Krankenhaus keine Blick. Jöckl zeigte ihnen nur die »Prominenten-Zelle«, die Muster-Rasierstube, die vor ihrer Ankunft in aller Eile errichtet worden war, das »Krankenrevier« im I. Hof, und damit war die Besichtigung des Lagers beendet.

Mitte April 1945 stellten die Ärzte im »Krankenrevier« eine neue, geheimnisvolle Krankheit fest, die von hohem Fieber und Mattigkeit begleitet war. Im Hinblick darauf, daß die Kranken von Insekten gestochen wurden und sich infolgedessen die Haut zerkratzt hatten, konnte nicht festgestellt werden, ob die Krankheit auch Ausschlag als Begleiterscheinung hatte. Ohne bakteriologische Analyse, deren Durchführung in der Kleinen Festung undenkbar war, und ohne Blutproben waren die Ärzte nicht imstande, die Diagnose zu stellen, und bezeichneten daher diese Krankheit als Grippe. Die Zahl der Kranken und auch der Toten stieg jedoch von Tag zu

Tag. Die Krankheit kam zuerst im IV. Hof unter Häftlingen zum Vorschein, die in der Grube »Richard« arbeiteten. Als dies Jöckl gemeldet wurde, verbot der die Arbeit dieses Kommandos und ordnete die Isolierung des IV. Hofes an.

Die Kranken blieben in den Zellen unter den gesunden Häftlingen liegen. Am 23. April 1945 meldeten die Ärzte bereits 500 »Grippe-Erkrankungen« und verlangten von Jöckl, die bakteriologische Untersuchung dieser geheimnisvollen Krankheit zu bewilligen. Jöckl lehnte sogar den Besuch des Polizeiarztes Dr. Krönert ab. Dieser gab schließlich den wiederholten dringenden Bitten der behandelnden Ärzte nach, nahm bei drei Schwerkranken Blutproben und übersandte sie ohne Jöckls Wissen dem Deutschen Gesundheitsamt in Ústí nad Labem und dem Bakteriologischen Institut der deutschen Universität in Prag. Am 25. April 1945 trafen in der Festung die Ergebnisse ein: Es handelte sich um Bauch- und Flecktyphus.

An der Vorderfront des IV. Hofes hatten die Gestapo-Leute einen Hinrichtungsplatz »zur Warnung« errichtet. Dies geschah im März 1945, als nach der mißglückten Flucht dreier Häftlinge einer von ihnen, Ervín Šmit, gemeinsam mit zwei weiteren wahllos aus der Kartei herausgegriffenen Häftlingen zur Warnung für andere hingerichtet worden war. Mit ihnen wurde auch Terezie Grünová aufgrund eines Fernschreibens aus Prag ermordet.

Später wurden an der Mauer des IV. Hofes einige weitere Hinrichtungen vollzogen.

Das Gebäude der Sonderzellen endete mit einem großen Raum, in dem die Gestapo-Leute einen Kinosaal errichten ließen. Dort veranstalteten sie für sich und die SS-Garnison Kabaretts und Unterhaltungsabende, die immer in wüste Orgien ausarteten und in der Regel mit Raufereien und Schießereien endeten.

Auf Wunsch und für die Bequemlichkeit seiner Töchter ließ Jöckl ein Schwimmbassin errichten. Bei seinem Bau, an dem sich auch Studenten aus dem Gymnasium in Roudnice beteiligen mußten, kamen viele Häftlinge, vor allem Juden, um.

Auf dem gegenüberliegenden Wall hinter der Mauer befand sich auf der linken Seite das berüchtigte »Hundekommando«, wo Jöckl zwei kräftige Wolfshunde hielt. Zu seinem Zeitvertreib ließ er nach dem Vorbild anderer Kommandanten von Nazi-Konzentrationslagern die beiden Hunde für die Häftlingsjagd abrichten. Ihre »Kunst« führte er dann an jüdischen Häftlingen vor.

Ein niedriges, feuchtes und dunkles Tor, in dem auf beiden Seiten Kartoffelkeller untergebracht waren, führte in den ehemaligen Gemüsegarten. Den Weg beschritten jene Häftlinge, die durch einen gewaltsamen Tod aus dem Leben scheiden sollten. Sie nannten ihn »Weg des Todes«. Alle, die auf den Todeslisten in Theresienstadt standen, gingen diesen Weg zum Hinrichtungsplatz. Sie wurden mit gefesselten Händen von SS-Leuten geführt, die bis an die Zähne bewaffnet waren.

Im Jahre 1945, als die Kleine Festung von der Typhusepidemie erfaßt wurde, reichte die Kapazität des Krematoriums in Theresienstadt für die Verbrennung der Hunderte von Leichen aus dem Getto und der Festung nicht mehr aus. Berge von Toten lagen in allen Höfen der Festung und in der Nähe des Krankenhauses, und der süßliche Verwesungsgeruch verbreitete sich überall. Das Lagerkommando bekam Angst vor der Ansteckung, und deshalb sorgte Jöckl auf seine Art und Weise für die Beseitigung der toten Zeugen seiner Verbrechen. Im nördlichen Wall wurden zwei große Massengräber ausgehoben, in die die zu Tode gemarterten Häftlinge geworfen wurden. Nach der Befreiung wurde eine Exhumierung vorgenommen. Man fand 601 Leichen.

Links vor dem Eingangstor der Kleinen Festung, wo früher Felder waren, befindet sich heute der Nationalfriedhof. Es ruhen dort 30 000 Opfer aus Theresienstadt.

Im Jahre 1974 besuchte ich mit Mieciu und Michael die damalige Tschechoslowakei, und wir fuhren auch nach Theresienstadt. Wir sahen den Nationalfriedhof vor dem Lagereingang. Mieciu konnte sich noch an die Felder erinnern, die vor der Errichtung des Friedhofs an dessen Stelle gewesen waren. Davor gab es dort nur Massengräber, und erst nach einer Exhumierung nach dem Krieg konnten die Opfer begraben werden.

Wir schritten durch das Tor mit der berühmten Aufschrift »Arbeit macht frei« und wandten uns nach links einem der Höfe zu. Wir betraten ein düsteres, stallähnliches Ziegelsteingebäude, in dem sich dreistöckige Pritschen befanden.

Mieciu deutete auf eine Pritsche in der mittleren Etage und sagte: »Hier lag ich, genau an der Stelle!« Michael und ich brachen in Tränen aus und umarmten Mieciu, dessen Augen jedoch trocken blieben.

Danach passierten wir einige ähnliche Gebäude in geschlossenen Höfen und gelangten zum Hinrichtungsplatz, wo in der Ecke des einen Hofes an der Mauer die Hinrichtungen vollstreckt wurden.

Wir statteten auch dem kleinen Museum einen Besuch ab, in dem das Eßgeschirr der Häftlinge gezeigt wurde, sowie Reitpeitschen und eine Nachttischlampe, deren Schirm aus Menschenhaut hergestellt war.

Familie Langer in Theresienstadt 1974

Mieciu erinnert sich: Er erreichte Theresienstadt, die Kleine Festung, zusammen mit etwa 750 anderen im April 1945. Wie bereits erwähnt, waren sie bei ihrem Auszug aus Rehmsdorf 2500 gewesen.

»Ich ging wie ein Lunatiker. Ich erinnere mich daran, daß ein Teil der Gruppe, mit der ich marschiert war, in einen geschlossenen Hof gebracht wurde, zu einem Gebäude, in dem sich Pritschen befanden. Wir schliefen sofort zu Tode erschöpft ein. An diesem Ort waren wir vielleicht zwölf Tage oder zwei Wochen, soweit ich mich erinnere. Am Morgen traten wir zum Appell im Hof an, erhielten eine teeähnliche Flüssigkeit zu trinken und am Mittag Wassersuppe mit einem Stück Brot. Am Abend bekamen wir wieder das gleiche Getränk wie in der Früh. Die meiste Zeit lag ich auf der Pritsche oder saß im Hof auf dem Beton. Hunger spürte ich keinen, überhaupt erinnere ich mich nicht daran, was ich gefühlt habe, außer daß ich an Durchfall litt, offenbar immer noch als Folge vom Grasessen unterwegs. Den ganzen Tag hindurch hörten wir Schüsse, und wir konnten uns ausmalen, daß man Menschen hinrichtete, doch wir wußten nicht, wen. Viele Jahre nach dem Krieg habe ich erfahren, daß ein großer Teil derer, die mit uns bis nach Theresienstadt gekommen waren, innerhalb der Kleinen Festung hingerichtet wurden. Am Ende waren wir nur noch eine Gruppe von 75 Leuten. Vor lauter Erschöpfung nahm ich kaum etwas wahr, und ich weiß nicht mehr, ob ich überhaupt mit jemanden gesprochen habe.

Nach zwei Wochen wurden wir aus der Kleinen Festung geholt und zu einem großen, dreistöckigen Ziegelgebäude mit einem riesigen Hof geführt, das die Aufschrift ›Hamburger

Kaserne‹ trug – eine frühere Militärkaserne – und sich innerhalb des Gettos Theresienstadt befand. Ich wurde mit ein paar Dutzend anderen ins zweite Stockwerk verfrachtet. Ich habe in Erinnerung, daß ich, um in diesen zweiten Stock zu gelangen, die Treppe auf allen vieren hochkriechen mußte, denn meine Füße konnten meinen Körper nicht mehr tragen. Ich hatte einfach keine Muskeln mehr. Ich kann mich auch daran erinnern, daß ich einmal, als ich zum Klo hinausging, plötzlich an meinem Körper herunterschaute und zu weinen anfing. Was war mit mir passiert, was war von mir noch übrig? Das war das erste Mal, daß ich die Hoffnung verlor, jemals wieder wie ein normaler Mensch auszusehen...

Inzwischen hörten wir jeden Tag den Widerhall der Artilleriegeschütze, und wir begriffen, daß die Front näherrückte. Plötzlich, am 8. Mai, schauten wir aus den Fenstern und bemerkten, daß kein Deutscher draußen zu sehen war. In den Mittagsstunden sahen wir auf einmal einen sowjetischen Panzer am Kasernentor anhalten, ein Offizier sprang heraus und begann, mit dem tschechischen Polizisten zu sprechen, der am Tor stand. Dann sahen wir, wie der Offizier den Polizisten zur Seite stieß und ein paar Soldaten, die vom Panzer heruntergesprungen waren, das Tor öffneten. Die Menschen begannen aus den Gebäuden zu strömen. Diejenigen, die in besserer körperlicher Verfassung waren als ich, gingen weiter. Ich kam mit den anderen, deren Zustand dem meinen glich, bis auf die Straße vor der Kaserne, wo wir die Militärfahrzeuge anstarrten, die vor unseren Augen vorbeifuhren. Sowjetische Soldaten auf Lastwagen warfen uns im Vorbeifahren Brot, Speck, Konserven und Bonbons zu. Jeder griff sich, was er nur erwischen konnte, und langsam kehrten wir in das Gebäude zurück. Nachdem ich es mit Mühe, wieder auf allen vieren, geschafft hatte, in mein Zimmer hinaufzukommen, fing ich an, das Brot und das Speck zu essen und die Bonbons zu zerkauen.«

Ich frage Mieciu, ob er Freude darüber empfunden hatte, daß der ersehnte Tag der Befreiung gekommen war.

»Ich kann mich nicht erinnern, daß ich mich über die Befreiung gefreut hätte. Und wenn ich irgendeine Freude empfand, dann über das Essen ...

Am nächsten Tag erwachte ich glühend vor Fieber und litt unter Kopfschmerzen und Erbrechen. Ich war nicht der einzige. Etwa die Hälfte derer, die mit mir im Zimmer waren, fühlten sich genauso. So lagen wir zwei oder drei Tage da, bis plötzlich sowjetische und tschechische Ärzte und Krankenschwestern auftauchten. Ich habe eine nebulöse Erinnerung daran, daß mich eine große, breite russische Krankenschwester auf die Arme nahm, als sei ich ein Säugling.

Ich verlor das Bewußtsein und erwachte in einem Militärlazarett, ich weiß nicht mehr, nach wie langer Zeit. Nach ein oder zwei Tagen führte man mich zu einer Waage und stellte fest, daß mein Gewicht 38 Kilo betrug. Ich war 1,73 Meter groß.

In dem Lazerett lag ich ungefähr zwei bis drei Wochen, und ich erinnere mich, daß ich während der Zeit bis zu meiner endgültigen Genesung den Schwestern half, das Essen an die anderen Kranken auszuteilen. Es stellte sich heraus, daß ich an Fleckfieber, das heißt Typhus, erkrankt war, womit ich mich sicher noch in der Kleinen Festung angesteckt hatte.

Die zwischenmenschlichen Beziehungen im Lazarett waren ausgezeichnet. Ich war bei den Schwestern und Ärzten beliebt, und damals spürte ich, daß ich glücklich war, am Leben zu sein. Ich entwickelte einen großen Appetit und verschlang enorme Mengen, wie um mich für die Jahre des Hungerns zu entschädigen. Ich nahm zu und fing an, Form und Aussehen eines normalen Menschen wiederzugewinnen. Offenbar verläuft der Regenerationsprozeß in so jungen Jahren sehr schnell. Das Essen, die menschliche Wärme, das Gefühl, ein freier Mensch zu sein, wirkten Wunder.

Vom Krankenhaus aus wurde ich in ein Genesungsheim in Theresienstadt selbst verlegt, wo ich mich etwa zwei Wochen aufhielt. Die Tschechen gaben sich alle Mühe, uns regelrecht zu mästen, trotz der großen Lebensmittelknappheit.

Dann erfuhr ich plötzlich, daß sich ein Transport nach Polen organisierte, nach Krakau, und ich schloß mich ihm an. Wir reisten wieder in Güterwaggons, doch sie waren natürlich sauber und mit Strohmatratzen ausgerüstet. Dieser Zug brauchte aus irgendeinem Grund einige Tage für die Fahrt nach Polen, mitsamt Aufenthalten auf Nebengleisen, manchmal geschlagene vierundzwanzig Stunden lang. Wir erhielten Essen, doch anscheinend reichte es nicht aus, denn ich erinnere mich, daß wir während der Aufenthalte ausstiegen und zu den Bauern in der Umgebung gingen, die uns äußerst freigiebig Brot, Butter und Milch gaben.

Ich weiß noch, daß wir in Moravska Ostrava in die Stadt gingen und an einer Bäckerei vorbeikamen, vor der eine Menschenschlange stand, um Brot zu kaufen, mit Kupons in den Händen, die damals erforderlich waren. Die Leute, die anstanden, fragten uns, ob wir aus einem Konzentrationslager kämen. Als wir das bejahten, riß jeder in der Schlange einen Abschnitt von seinem Kupon ab und gab ihn uns, so daß wir eine zusätzliche Brotration bekommen konnten.

Einige Tage später traf ich in Krakau ein, mit einem kleinen Tornister in der Hand, in dem sich zwei Hemden, Unterwäsche und Socken befanden. Ich trug eine Hose und ein ›Battledress‹ in Dunkelgrün. Die Sachen hatte ich erhalten, als sie mich aus dem Genesungsheim entließen. Damals war ich achtzehn.«

Mieciu beendet seine Worte, und ich habe zum x-ten Mal diese große, breite Lazarettschwester vor Augen, die ihn auf ihre Arme nahm, als sei er ein Kleinkind. Ihn, das menschliche Gerippe, glühend vor Fieber, fast bewußtlos, an der Schwelle des Todes...

Diese Krankenschwester entriß ihn wie eine gute Mutter dem Tod und trug ihn zurück ins Leben. Ich werde ihr immer dafür dankbar sein.

11. Polen – ein neuer Anfang, Israel – die neue Heimat

Nach Miecius Rückkehr nach Krakau stellte sich sehr schnell heraus, daß sein Vater, seine Mutter und sein Bruder Arthur nicht mehr am Leben waren. Von der gesamten Familie war nur ein einziger Onkel mütterlicherseits übriggeblieben, der Rechtsanwalt Dr. Rozanski (Rosenzweig). Er hatte mit seiner Frau in der Sowjetunion überlebt. Nach seiner Rückkehr nach Krakau wurde er zum Präsidenten des Bezirksgerichts berufen. Er wohnte auch wieder in seiner früheren Wohnung. Mieciu fand bei ihm in seiner ersten Zeit in Krakau eine Zuflucht.

Nach ein paar Monaten, als Mieciu bereits etwas mehr Fleisch auf den Knochen hatte, begann er als Schlosser in einer Schokoladenfabrik zu arbeiten und besuchte gleichzeitig Schnellkurse fürs Gymnasium. Er beschloß, die Wohnung seines Onkels zu verlassen, weil er sich dort in seiner Bewegungsfreiheit eingeschränkt fühlte. Die Familie war konservativ, und er mußte jeden Abend um zehn Uhr nach Hause kommen.

Die Familie Rozanski hatte ihre Tragödie durchgemacht: Ihr einziger Sohn, der ebenfalls Mieciu hieß, war während des Krieges in der Roten Armee gefallen. Onkel und Tante taten sich sehr schwer, Mieciu bei seinem Namen zu nennen, der sie jedesmal an den Namen ihres geliebten Sohnes erinnerte.

Mieciu zog in die Wohnung von Freunden. Mit zwei von ihnen war er im Lager Czestochowa gewesen. Nach einiger

Zeit wurde von der jüdischen Gemeinde ein Internat für jüdische Waisen und Halbwaisen eingerichtet. Mieciu erhielt einen Platz dort und auch ich, nachdem ich in der Sowjetunion meinen Vater verloren hatte und damit Halbwaise war.

Im Jahre 1947 begegneten wir uns, Mieciu und ich, in diesem Internat zum ersten Mal (siehe Felicia Langer, Zorn und Hoffnung – Autobiographie). Einige Zeit später zog ich mit meiner Mutter, die wieder heiratete, nach Wroclaw (Breslau). Mieciu zögerte keine Sekunde, packte sein Köfferchen, verließ das Internat und folgte mir nach Wroclaw. Dort erhielt er, wieder im Internat der jüdischen Gemeinde, einen Wohnplatz. Er fing an, in einer Kooperative zur Herstellung von Textilien zu arbeiten. 1949 heirateten wir.

Im gleichen Jahr wanderte meine Mutter nach Israel aus, weil ihr neuer Ehemann dort einen Sohn hatte. Nach ihrer Emigration beschwor sie uns in flehentlichen Briefen, doch nachzukommen, weil es sehr hart für sie sei, ohne ihre einzige Tochter zu leben, und ohne Mieciu, den sie mittlerweile wie ihren eigenen Sohn liebe. Wir gaben ihrem Drängen nach, und im Oktober 1950 verließen wir Polen und emigrierten nach Israel.

Mieciu begann als Dreher in einer Fabrik für Autoteile zu arbeiten, und nach ungefähr eineinhalb Jahren wurde er zum regulären Militärdienst einberufen, für zweieinhalb Jahre. Er änderte seinen Namen, damit er leichter auszusprechen war, von Miegzyslaw (Mieciu) zu Mosche. Doch für mich und meinen Sohn, für die Familie und Freunde ist er Mieciu geblieben.

Nach seiner Entlassung aus dem Militärdienst arbeitete Mieciu als Verkaufsagent in der Druckbranche, und danach leitete er eine Import-Export-Gesellschaft, die sich auf den Handel mit osteuropäischen Ländern spezialisierte.

Während der Militärzeit in seiner neuen Heimat kam Mieciu die schwierige Lage der arabischen Bevölkerung in Israel, die bis 1966 unter Militärherrschaft stand, zu Bewußtsein, ihre Diskriminierung und die mehrheitliche Intoleranz der jüdischen Bürger Israels. Beginnend mit dem Krieg von 1967, seit ich angefangen hatte, mich als Rechtsanwältin der Palästinenser in den besetzten Gebieten zu betätigen, wurde sich Mieciu zunehmend des Leids der Palästinenser unter der Besetzung bewußt.

»Ich konnte es nicht verstehen und verstehe es bis heute nicht, wie ein Volk, das über Generationen hinweg antisemitische Verfolgungen erlitt, die im Holocaust ihren Höhepunkt fanden, sich derart grausam einem anderen Volk gegenüber benehmen kann ...

Nicht nur die verschiedenen Regierungen sind daran schuld, die die Befehle geben, sondern auch die Ausführenden, die Häuser zerstören, die beim Verhör foltern, die schießen, um zu töten, die Land enteignen, die Gebiete besiedeln, die nicht ihre sind, die mit Straßenblockaden ihren Mutwillen mit Palästinensern treiben ...

Auch kürzlich, als zwei palästinensische Babys während der Ausgangssperre in Hebron starben, weil ihren Müttern verwehrt wurde, die Militärsperre zu passieren, um ins nahegelegene Krankenhaus in Hebron zu kommen; es ist von einem Säugling die Rede, der in Ermangelung rechtzeitiger ärztlicher Hilfe wegen eines Passierverbots starb, und von einer schwangeren Frau, die gezwungen war, ihr Kind im Auto zu bekommen, weil ihr der Soldat nicht erlaubte, ins Krankenhaus zu fahren, und das Kind starb kurz danach...Das ist nicht das erste Mal, daß so etwas passiert ist. Wo ist das Herz und das Gewissen dieser jungen Soldaten...? Alles, was ich hier angeführt habe – und das sind nur Winzigkeiten –, zeigt, daß die verschiedenen Regierungen und auch weite Teile des Volkes aus dem Holocaust nicht die richtige Lehre gezogen haben. Das löst bei mir Wut und Scham aus«, so Mieciu.

Solche Worte habe ich häufig von ihm gehört. Er hat die Konsequenzen daraus gezogen und kämpft zusammen mit anderen dagegen an.

1990 schloß ich meine Kanzlei in Jerusalem aus Protest gegen die beschämenden Zustände bei den Justizbehörden in allem, was die Palästinenser betraf, speziell während der Intifada. Ich wollte nicht das Feigenblatt für dieses System sein.

Zu dieser Zeit erhielt ich einen Posten als Gastdozentin an der juristischen Fakultät der Universität Bremen, zum Thema der besetzten Gebiete und der Menschenrechte unter Berücksichtigung des Völkerrechts. Miecius Geschäfte begannen unterdessen unter den sich verändernden politischen Verhältnissen in Osteuropa zu leiden.

In jenem Jahr, 1990, siedelten wir nach Deutschland über, nach Tübingen, wo unser Sohn mit seiner Familie bereits seit acht Jahren wohnte (siehe Felicia Langer: Brücke der Träume – Eine Israelin geht nach Deutschland).

Doch Israel ist Miecius und meine Heimat geblieben.

12. Mieciu begegnet Deutschland

»Meine erste Begegnung mit Deutschland nach dem Krieg fand im Jahre 1963 statt«, berichtet Mieciu. »Ich reiste mit gemischten Gefühlen, zum ersten Mal als freier Mensch, zu einem Treffen mit den Angehörigen des Volkes, unter dem ich in der Vergangenheit so zu leiden und das meine gesamte Familie vernichtet hatte. Ich fuhr als technischer Direktor einer Importgesellschaft für Druckapparaturen, unter deren Lieferanten sich einige deutsche Firmen befanden.

Auf dieser ersten Reise und auf anderen, die später folgten, war mein zentraler Aufenthaltsort Frankfurt. Von dort aus fuhr oder flog ich immer zu anderen Orten in Deutschland. Interessant, daß all die Menschen, die ich traf, den Deutschen, die ich während des Krieges gesehen hatte, überhaupt nicht glichen, und damit meine ich nicht nur das Fehlen der Uniform, sondern auch die generelle äußere Erscheinung, den Gesichtsausdruck, die Sprechweise und sogar die Art zu gehen ...

Ich hatte viele Treffen mit Unternehmensleitern, älteren Leuten, und immer schlich sich bei solchen Begegnungen der Gedanke ein: Was hat dieser Mann während des Krieges gemacht?

Zu dieser Zeit war es bei den Deutschen Usus – was ich ganz und gar nicht schätzte –, sich bei jedem Israeli anzubiedern, mit dem man in Kontakt kam und, vor allem bei den Älteren, zu erzählen, wie viele jüdische Freunde sie hatten und bei der Rettung von wie vielen Juden sie mithalfen. Bei einem dieser Treffen mit einem Firmendirektor rutschte mir heraus, als Antwort auf eine solche Erklärung, daß ich die ganze Zeit zu hören bekäme, wie viele Juden sie gerettet hätten; nach dieser Berechnung müßte sich die Zahl der Juden gegenüber der Zeit vor dem Krieg mehr als verdoppelt haben...

Ein anderes Phänomen, das mir wiederum sehr gefiel und wirklich aufregend war, waren die Meinungen, die ich von der jungen Generation mitbekam. Normalerweise, wenn ich in Frankfurt war, ging ich abends ins Café Kranzler an der Hauptwache zum Kaffeetrinken, und danach spazierte ich ein wenig durch den kleinen Park, der in der Nähe gelegen war, bevor die Frankfurter U-Bahn gebaut wurde. Dort versammelte sich immer eine Art kleines ›Parlament‹ von Alten und Jungen, und es wurden die ganze Zeit politische Diskussionen geführt. Die jungen Leute beschuldigten die Älteren der Mitwirkung an den schrecklichen Taten, die ganz Europa und Deutschland die Katastrophe brachten.

Ich schlenderte stundenlang zwischen ihnen herum, hörte diesen Diskussionen zu, freute mich über die fortschrittliche, demokratische und weltoffene Einstellung dieser jungen Menschen. Sie erweckten in mir Vertrauen und Hoffnung in die Existenz eines anderen Deutschlands.

Als ich nach Israel zurückkam, erzählte ich vielen Bekannten begeistert von diesen Eindrücken, und oft kam es dabei zu hitzigen Diskussionen mit jenen, die nicht fähig und auch nicht willens waren, das Deutschlandbild, das ihnen bekannt war, zu verändern. Sie sahen das deutsche Volk als ein Volk von menschenfressenden SS-Leuten«, erzählt Mieciu.

Ich erinnere mich noch gut daran, wie er mir diese Eindrücke damals schilderte, und auch ich ließ mich von der Hoffnung anstecken.

Als wir im Juli 1990 nach Tübingen kamen, war Mieciu 63 Jahre alt, und er hatte die Befürchtung, daß es in seinem Alter schwer sein würde, ein neues Leben in fremder Umgebung anzufangen.

»Glücklicherweise stellten sich alle meine Befürchtungen schnell als gegenstandslos heraus, allerlei Klischees von den Deutschen als verschlossene, kalte Menschen ohne Sinn für Humor, von denen ich in gewissem Maße beeinflußt war, erwiesen sich als unwahr. Wir haben hier sehr viele Bekanntschaften geschlossen, aus denen einige so starke Freundschaften erwachsen sind, wie wir sie im ganzen Leben noch nie gehabt haben. Diese Menschen sind zu einem erweiterten Teil unserer Familie geworden. Sie sind Freunde für gute wie schlechte Zeiten.«

Mieciu hat, entgegen seiner Erwartung, interessierte und dankbare Zuhörer für die Witze gefunden, die er so gerne erzählt. 1997 feierte er seinen siebzigsten Geburtstag in einem großen Saal in Anwesenheit von über achtzig Freunden und Bekannten in einer einzigartig herzlichen Atmosphäre.

»Natürlich möchte ich bei allem, was ich gesagt habe, nicht als jemand erscheinen, der seine Augen vor dem Rechtsradikalismus und Fremdenhaß verschließt, wovon wir tagtäglich hören und in den Zeitungen lesen. Ich denke, daß sich gerade eine Demokratie vor rassistischen Phänomenen schützen muß, ganz besonders Deutschland mit seiner Vergangenheit. Man muß Wachsamkeit an den Tag legen, was solche Erscheinungen angeht. Es erregt Zorn und ruft düstere Gedanken hervor, die mit der Vergangenheit verknüpft sind, wenn Menschen wegen ihrer Hautfarbe oder ihrem Aussehen verfolgt werden. Besonders stört mich der Mangel an Zivilcourage bei denen, die nicht bereit sind, sich einzumischen oder Verfolgten zu helfen. Das erinnert mich allzusehr an meine Vergangenheit. Hetze gegen Fremde ›von oben‹ ist Wasser auf die Mühlen der Rechtsradikalen. Zu meinem Bedauern machen sich bestimmte Parteien hier gewisse Parolen gegen Ausländer zu eigen, die den Haß gegen sie salonfähig machen. Ich staune auch über die leichten Strafen bei Ausschreitungen gegen Ausländer mit rassistischem Hintergrund, die keinesfalls der Abschreckung dienen. Die Erziehung zur Toleranz in den Schulen und allgemein genügt meiner Meinung nach nicht.«

Mieciu pflegt sich bei seinen Vorträgen in Schulen und besonders vor Klassen im Alter von 13 bis 16 Jahren auf die Erscheinungsformen des Rechtsradikalismus zu beziehen und appelliert an die Jugend, solchen Phänomenen gegenüber Zivilcourage zu zeigen, »damit ihr euch im Spiegel anschauen könnt«.

Die erste Schule, in der Mieciu auftrat, nachdem er das Schweigen über seine Geschichte im Holocaust gebrochen hatte, war die Geschwister-Scholl-Schule in Tübingen, und zwar in der Klasse, in die unser damals dreizehnjähriger Enkel Dani ging.

Wie ihm Dani berichtete, war sein Auftritt Tagesgespräch. Seitdem haben sich die Vorträge und die Reaktionen darauf gehäuft. Manchmal erhält Mieciu Briefe, die der Erschütterung und der tiefen Abscheu vor den Verbrechen der Nazis

Ausdruck verleihen. Hin und wieder unterhält er sich mit denen, die sich an ihn wenden, über seine Vergangenheit und seinen Glauben an die Menschheit und die Zukunft.

»Ich möchte dich bitten, am Schluß zu schreiben, daß ich in Deutschland mit so vielen eine gemeinsame Sprache gefunden habe, daß sie mir die Sicherheit geben, daß sich die schreckliche Vergangenheit nie mehr wiederholen wird.«

Mieciu Langer

Nachwort

Noch einmal bin ich mit Mieciu die Stationen seiner Leidensgeschichte abgegangen, den Weg der Ausgrenzung, Entrechtung und totalen Entmenschlichung der nationalsozialistischen Rassenlehre, der als Vorbereitung für die »Endlösung« in die Vernichtung führte.

Auf diesem Weg traf ich die Ausführenden und die Mithelfer des entsetzlichsten Verbrechens in der Geschichte der Menschheit und hörte ihre Namen, die sich tief in mein Gedächtnis eingegraben haben. Ich bin auch unzählig vielen begegnet, die schwiegen. Und auch den wenigen, die Mut faßten und den Opfern Hilfe leisteten. Ich traf Opfer mit Namen und Gesichtern, ebenso wie namenlose. Sie alle sind meine Schwestern und Brüder, sie alle sind unvergeßlich.

Es ist das Vermächtnis der Ermordeten, wie ich es zusammen mit Mieciu im Laufe der Jahre verinnerlicht habe, angesichts jeglichen Unrechts und Verbrechens nicht zu schweigen, sondern unermüdlich jede Art von Rassismus und Antisemitismus zu bekämpfen, die Würde und die Rechte des Menschen, wer immer es auch sei, zu verteidigen. Dies ist die Verpflichtung des deutschen Volkes für alle Zeiten, doch nicht nur die seine.

Aus Achtung vor dem Andenken an all jene Opfer und im Geiste ihres letzten Vermächtnisses, das Menschlichkeit heißt, prangere ich die jahrzehntelange Unterdrückung der Palästinenser durch Israel an und das Unrecht, das ihnen angetan wurde und bis zum heutigen Tage andauert.

Ich werde in meinem Inneren weiterhin das Leid und das Andenken an die Ermordeten des Holocaust bewahren – ob aus meiner Familie oder all der anderen Opfer des Faschismus: den Sinti und Roma, den Homosexuellen und Behinderten –, ebenso das Leid und die Erinnerung an jene, die in irgendeiner Form dagegen gekämpft haben. Ich fühle ihnen gegenüber eine tiefe Verbundenheit und Dankbarkeit, für immer.

Anhang

Auszug aus dem Tagebuch von Heidi Crämer

Montag, 7. September 1998: Felicia Langer ruft an. Sie hat den Entschluß gefaßt, Miecius Geschichte in einem Buch festzuhalten. Vom dreizehnten bis achtzehnten Lebensjahr in fünf Nazi-KZ. Jahrzehntelang hatte Mieciu seine Erinnerungen unter Verschluß gehalten.

Jahrzehnte hatte es gedauert, bis er anfangen konnte zu sprechen.

Jetzt sitzen sie sich gegenüber, Mann und Frau, er spricht, sie hört und schreibt, bis sie nicht weiterschreiben kann, weil Tränen sie überwältigen.

Sie entbindet sein Kind der Erinnerung,
das Gequälte,
das nie geboren werden konnte
aus Scham über die Schamlosen,
die ihm das Recht auf Leben nahmen
und die Würde, Mensch zu sein.

Galgen sieht er vor sich,
seinen Freund daran,
fünfzehnjähriger Junge wie er;
hört den Schuß,
der den Gefährten liquidierte,

weil beim Todesmarsch die Beine versagten.
Und immer im Ohr das Bellen der Stimmen,
Das viehische Gebrüll der Menschentöter.

Stefania, die Mutter, Artur, der Bruder,
aus den Betten geholt.
Nach Treblinka verladen. Tot.
Mieciu mit Leon in Buchenwald,
ausbeutbare Körper,
vom Getötetwerden freigestellt zu Schwerarbeit
bis auf weiteres.

Fünf Jahre, fünf Lager.
Überleben ein Spiel des täglichen Zufalls.
Lebenskraft tief drinnen, wo nichts gefühlt wird,
wo Leben am Leben hält.

Felicia weint, Mieciu schweigt.

Das Erinnern an den Vater
brennt in der Seele.
Die Schmach von Schuld
schmerzt heftiger als erlittenes Unrecht:
Der Vater, zu Ende geschunden,
beim Selektieren aussortiert,
bat den Jungen, bei ihm zu bleiben,
der noch Lebenschancen hatte.
Bis auf weiteres.

Mieciu, mehr tot als lebend
aus Theresienstadt befreit.

Achtzehn Jahre alt.

Gerippe unter Toten.

Am Leben geblieben.

Wunderbarer Mensch!

»Mieciu.«

Unseren Freunden Mieciu und Felicia Langer in herzlicher An-
teilnahme an dem schmerzhaften Unterfangen, den Erinnerungen Sprache zu verleihen.

In Liebe, Heidi

Auszüge aus der Hommage
von Reinhart Czisch an Mieciu Langer zum
70. Geburtstag, 21. Juni 1997

Lieber Mieciu,

wir danken dir, daß wir hier mit dir und deinen Lieben Geburtstag feiern dürfen. Wir sind froh, daß du und Felicia nach
Tübingen zu eurem Sohn Michael und euren Enkeln und damit auch zu uns gekommen seid. Wir sind dankbar, daß du
hier mit uns lebst, daß du hier mit deinem Humor, deiner
Lebenszugewandtheit und deiner Freundlichkeit, deiner
Freundschaft, deinem Charme, aber auch deiner Offenheit
und würdigen Klarheit, uns, deinen Freunden, das Leben be-
reicherst. Aber auch daß du uns und unseren Kindern mit

deinen ergreifenden Lektionen zu deiner Lebensgeschichte hilfst, unsere gemeinsame, unfaßbar schreckliche Geschichte anfaßbar und damit auch bearbeitbar und wenigstens in Teilen begreifbar zu machen und vor dem Verschweigen und der Verdrängung zu bewahren.

Indem ich dies sage, wird deutlich, wie wenig selbstverständlich es ist, daß wir dich hier bei uns haben. Wir verdanken dies deinem nie gebrochenen, entschlossenen Lebensmut, einer unerfindlich freundlichen Schicksalslaune und deiner unbestechlichen Großherzigkeit gleichermaßen.

Am 18. Juni 1927 in Krakau geboren, gerietest du schon zu Beginn deiner frühen Jugend in die Fänge der Nazi-Schergen und ihrer Helfershelfer. Nicht, daß ich jetzt deine Lebensgeschichte nacherzählen wollte – das tust du viel authentischer in deinen Vorträgen in Schulen und Volkshochschulen und anderen Gastvorträgen. Aber ich will meiner Bewunderung und Genugtuung Ausdruck geben, daß du mit deinem unbeugsamen Lebenswillen fünf Lager überlebt hast, geleitet von einer instinkthaften Sicherheit, bei den Selektionen jeweils die richtige Seite wählend und für dich am belastendsten wohl, auch deinen Vater, dem nicht mehr zu helfen war, zurücklassend, um so dein Leben für deine Zukunft und die Felicias und Michaels, der uns mit seinen wundervoll gestalteten jiddischen Liedern das Leben bereichert, und jetzt die deiner Enkel zu retten.

Wenn ich heute mit deinen Enkeln erlebe und sehe, wie du dich an ihnen freust, kann ich mich einer gewissermaßen hämischen Freude nicht erwehren.

Daß es wirklich darum ging, dein Leben zu retten, nicht etwa eine gebrochene Existenz, sondern ein volles und vitales

Leben, dafür gabst du uns allen, die wir das erste Mal deiner Lebensgeschichte aus deinem Munde lauschten, unwiderlegbares Zeugnis. Du hast nicht etwa mit der Errettung aus den Konzentrationslagern deine Erzählung beendet, sondern einfach weitergeredet, uns davon erzählt, wie wild entschlossen du dir Felicia erobert hast, welch beglückendes Ereignis für dich Michaels Geburt war. Nein, dein Leben auszulöschen, ist dem nationalsozialistischen Verbrecherregime nicht gelungen, und jeder von uns kann sich davon beinahe jeden Tag überzeugen, wenn er von dir freudig und meist mit mindestens einem Scherz begrüßt wird, wenn du uns so deine Wärme und Zuneigung spüren läßt. Jeder kann sich davon überzeugen, wenn er dich mit Felicia zusammen sieht, noch heute nach einem beinahe aufs Jahr genauen halben Jahrhundert, ein Liebespaar.

Du stellst klar, was klargestellt gehört, und läßt dabei keinen Zweifel, daß du dir nicht aus falschen Rücksichten und falsch verstandener Loyalität zum jüdischen Volk deine Meinung abkaufen läßt. Auf diese Weise gelingt es dir im wohlverstandenen Interesse Israels auch noch, dich als unbeugsamer Patriot zu erweisen, und dies obwohl doch bei dir rassische Ressentiments nicht den geringsten Platz einnehmen. Das könnte einen, kennte man dich nicht, geradezu sprachlos machen!

So wünsche ich mir und wünschen wir, die wir hier deinen Geburtstag feiern, uns alle, daß du uns noch lang erhalten bleibst zu unserer Freude, zu unserer Orientierung und in unser aller Freundschaft.

*

Felicia und Mieciu Langer an seinem 70. Geburtstag

Ich möchte ein einziges Lobeswort für Mieciu ergänzen. Das Wort ist deutsch, aber in seinem Gebrauch einzigartig jiddisch. Es ist das Wort »Mensch«. Ich zitiere meine Lieblings-, ganz unwissenschaftliche linguistische Lektüre, »The Joys of Yiddish«: »Es ist schwer zu vermitteln, wieviel Respekt, Würde, Wärme und Hochachtung in dem Ausdruck ›ein echte Mensch sein‹ beinhaltet ist ... The finest thing you can say about a man is: ›Wos für a Mensch!‹«

Laßt uns auf Mieciu, den Menschen trinken. To Life! Lechaim!

Teresa Woods-Czisch

Leserbrief von Mieciu Langer
an das »Schwäbische Tageblatt«, veröffentlicht am
10. Juli 1998

Als Holocaust-Überlebender von fünf Nazi-Konzentrationslagern verfolge ich seit längerer Zeit schweigend die Diskus-
sion über das Holocaust-Mahnmal in Berlin.

Ich bin nicht der Meinung, daß so ein monumentales Mahnmal nötig ist, um so mehr, weil ein repräsentatives jüdisches
Museum und die Wannsee-Gedenkstätte in Berlin schon
eröffnet wurden, und es stört mich auch, daß so ein Mahnmal unsere Leidensgenossen, wie Zigeuner, Homosexuelle,
Behinderte und andere unschuldige Nazi-Opfer, deren ver-
gossenes Blut mit unserem vermischt wurde, unberücksich-
tigt läßt.

Es wäre viel vernünftiger, den Millionenbetrag, welcher mit
dem Bau des Mahnmals verbunden ist, für Holocaust-Aufklä-
rungszwecke in Schulen wie auch für die Bekämpfung von
Neonazismus zu verwenden, statt mit diesem Mahnmal den
Namen eines Geldgebers zu verewigen.

Nachdem ich aber in der heutigen Zeitung (19. Juni 1998)
das Bild des Mahnmal-Entwurfs gesehen habe, hatte ich folgende grausame Vision: Dieser Wald von Betonpfeilern wird
ein Schlupfwinkel für alle diejenigen sein, die ihre Exkre-
mente loswerden wollen, ein bequemer Platz für Junkies, die
sich spritzen möchten, ein Platz für verschiedene Wand-
schmierereien inklusive Volksverhetzungsinhalte, wie auch
ein Platz für mögliche neonazistische Dynamitsprengungen.
So ein Mahnmal wird ständige Polizeistreifen benötigen, um

eventuell dieses Desaster zu verhindern, was auch mit großen Kosten verbunden wäre und dem Mahnmal keine Ehre bringen würde.

Felicia Langer
Ein Zuhause in Deutschland
(gesendet im Deutschland-Radio am 15. Februar 1998)

Ich bin eine Israelin, die zur Zeit in Deutschland lebt. Für mich bedeutet dies ein Leben zwischen zwei Welten – Israel und Deutschland.

Mein Mann hat es irgendwie geschafft, als einziger seiner Familie fünf Nazi-Konzentrationslager zu überleben.

»Wie kannst du in Deutschland leben?« fragt man mich, und ich beantworte diese Frage mit der Aussage von Rosa Luxemburg: »Ich fühle mich überall zu Hause, wo es Wolken, Vögel und Menschentränen gibt.«

So ein Zuhause habe ich hier gefunden, und ich versuche es vor Mißverständnissen und Haß zu schützen. Ein geliebtes Zuhause.

Am Anfang waren es die Wolken und die Vögel mit ihrem Gesang und der prachtvolle Wald, der mir das Meer von Tel Aviv ersetzte. Die geliebten Landschaften meiner europäischen Kindheit, die der Krieg zerstörte.

Eines Tages, 1990, habe ich ein schwarzes Hakenkreuz auf der Wand eines Einkaufszentrums in Tübingen gesehen. All die Schönheit der zauberhaften sommerlichen Landschaften ringsum konnte diese Verschandelung nicht überdecken. Mein Mann und ich haben uns entschieden, das Hakenkreuz zu tilgen. Wir sind in der Nacht zusammen hingegangen, um es zu tun. Aber jemand hatte es schon entfernt, offenbar ein paar Minuten vor uns. Jemand, dem das Nazi-Symbol genauso zuwider war wie uns.

So bin ich meiner ersten anonymen Lichterkette in Deutschland begegnet. Danach haben sich viele Menschen bei uns gemeldet und sind Freunde geworden. Ein gesegnetes Geschenk in dem Herbst meines Lebens. Diese Freunde haben seit Jahren in Deutschland für Frieden und gegen Aufrüstung gekämpft und wollten mich in meinem Einsatz für Frieden und Gerechtigkeit in Nahost und für die Bewahrung der Menschenrechte der Palästinenser unterstützen.

Sie wollten auch persönliche Hilfe leisten in unserem neuen Zuhause. Sie taten es mit Einfühlungsvermögen und mit Liebe, die unser Leben erhellte. Sie waren und sind weiter meine Lichterketten gegen Fremdenhaß, Antisemitismus und Rassismus; sie sind es, die nach Rostock, Mölln, Solingen und Lübeck zusammen mit mir die Stimmen erhoben haben. Ihre Stimmen richteten sich auch gegen die von oben kommende Kälte gegenüber dem menschlichen Leid.

Und es gibt eine Geschichte, die endlich erzählt wurde, die Geschichte des Holocausts meines Mannes.

Er hat sie jahrelang verdrängt, um weiter leben zu können. Erst hier in Deutschland nach 47 Jahren hat er sie zum ersten Mal erzählt. Die Zuhörer fragten ihn, wie er sich in Deutschland fühle, und er antwortete, man dürfe zwar die Verbrechen nicht vergessen und man müsse von ihnen lernen, daß er sich aber der Zukunft zuwende und daß er seinen Glauben an die Menschen auch in Deutschland nicht verloren habe. Und er er-

zählt seitdem weiter seine Geschichte, und die dritte Generation lauscht ihm. Er sieht Entsetzen und Wut in den Augen seiner Zuhörer, die ihm die Hoffnung auf »nie wieder« vermitteln.

Und es gibt manchmal auch erschreckende Berichte, so zum
Beispiel über den Rechtsradikalismus in der Bundeswehr. Ein
führender Neonazi, in meinen Augen ein Terrorist, hat an der
Bunderswehrakademie in Hamburg über die Germanisierung
von Ostpreußen referiert. Niemand hat bemerkt, daß es um
rechtsradikales Gedankengut geht. Was für ein geistiges Kli-
ma herrscht dort? Die allgemeine Empörung und der Zorn
gegen dieses Phänomen aber sind ergreifend und wirken er-
mutigend.

Und noch ein anderes Bild – da ist die grausame Abschie-
bung einer achtköpfigen Flüchtlingsfamilie aus Tübingen nach
Kosovo durch die Behörden. Die Welle der Proteste gegen die
ungerechte Asylpolitik aus der Bevölkerung aber reißt nicht
ab. Ich war doch selbst ein Flüchtling, ich kenne das Gefühl
und unterstütze persönlich einen Fall von Kirchenasyl, irgendwo in Deutschland.

Noch ein Lichtblick: Tausende kämpfen für ein Landminen-
verbot, ich auch. Die Regierung meiner Heimat (nicht nur sie)
lehnt dies ab.

Meine zahlreichen deutschen Freunde und andere küm-
mern sich mit Liebe und Großzügigkeit um die armseligen palästinensischen Flüchtlingskinder im Libanon und um die palästinensischen Gefangenen unter der israelischen Besatzung.

Ich habe hier in Deutschland viele Verbündete im Einsatz
für die Menschlichkeit gefunden und eine Solidarität, die
keine Grenzen kennt.

Die Aussage von Rosa Luxemburg über die Wolken, Vögel und Menschentränen möchte ich ergänzen: Ich fühle mich überall dort zu Hause, wo man sich zusammen mit anderen für die Menschlichkeit einsetzen kann.

Felicia Langer
Zorn und Hoffnung

Autobiographie

»In ihren sehr persönlichen Aufzeichnungen berichtet sie ...
von Schicksalen ihrer Mandanten, schildert den täglichen
Kampf und die demütigende Hilflosigkeit gegen die zuneh-
mende Brutalität und Unmenschlichkeit der israelischen Mili-
tärs und der Justiz. Furchtbare, erschütternde Impressionen,
wichtig gerade für die tabubeladene deutsche Nicht-Kritik an
der israelischen Besatzungspolitik.« (Elisabeth Mair-Gummer-
mann in: ekz-Informationsdienst)

»... ein eindringliches Plädoyer für Menschlichkeit, die unteil-
bar ist.« (Südwestpresse/Schwäbisches Tageblatt)

»Ein bewegendes Zeugnis...« (Frauensolidarität, Wien)

»... ein erzählendes Zeugnis für Mut, Widerstand, Liebe innerhalb eines Unrechtssystems, das mit Panzern gegen Kinder
kämpft, die mit Steinen ihre Befreiung zu erlangen suchen.«
(Ute Hüttmann in: Junge Kirche)

»Felicia Langer verzichtet ... bewußt darauf, den Anspruch
nach Vollständigkeit und Ausgewogenheit zu entsprechen. Ihr
Buch ist vielmehr eine leidenschaftliche Anklage gegen das
menschenverachtende Vorgehen der israelischen Besatzungs-
und Siedlungspolitik; sie schrieb ihr Buch auch in der festen
Überzeugung, daß dieser Teufelskreis von Gewalt, Demütigun-
gen und Aufruhr ein Ende haben wird, in der Hoffnung, die
israelische Regierung möge die Fehler ihrer Besatzungs- und
Siedlungspolitik erkennen und nicht davor zurückschrecken,
sie auch zu korrigieren.« (Godehard Weyerer in: Süddeutsche
Zeitung)

Erschienen im Lamuv Verlag

Felicia Langer
Brücke der Träume
Eine Israelin geht nach Deutschland

1990, ein entscheidendes Jahr für Felicia Langer: Die weltbekannte Anwältin, die sich jahrzehntelang für die Rechte der Palästinenser in den besetzten Gebieten eingesetzt hat, schließt
ihre Kanzlei in Jerusalem. Sie will damit dagegen protestieren,
daß einem Volk jegliche Rechte verwehrt werden. »Es war der
Frühling der Intifada 1990, voll Leid und Tränen, als ich zu helfen versuchte und so ohnmächtig blieb angesichts des Justiz-
systems, das sich in eine traurige Farce verwandelt hatte.«
Am 9. Dezember 1990, ihrem 60. Geburtstag, kann Felicia Langer den sogenannten Alternativen Nobelpreis entgegenneh-
men, den »Right Livelihood Award«, eine Auszeichnung für
ihren »Kampf um grundlegende Menschenrechte unter sehr
schwierigen Umständen«.
Seit 1990 lebt Felicia Langer in Deutschland. Hoyerswerda,
Mölln, Rostock und Solingen lassen sie fürchten, daß hierzu-
lande keine Lehren aus der »blutigen braunen Zeit« gezogen
worden sind. Sie selbst ist hier angefeindet und bedroht worden von jenen, die nicht verstehen können, daß sie sich um
ihres eigenen Volkes willen für die Palästinenser einsetzt. Sie
ist als »Verräterin«, »Lügnerin« und »Feindin des jüdischen Volkes« beschimpft worden.
Den israelisch-palästinensischen Friedensprozeß verfolgt Felicia Langer mit Skepsis. Trotzdem werde sie weiterhin ver-
suchen, eine Brücke zwischen den beiden Völkern zu bauen –
eine Brücke der Träume.

Felicia Langer
Wo Haß keine Grenzen kennt
Eine Anklageschrift

Die weltbekannte Anwältin hat das Massaker von Hebron
untersucht, bei dem der jüdische Siedler Baruch Goldstein im
Februar 1994 29 betende Palästinenser ermordete.
»Felicia Langer hat eine stichhaltige Anklageschrift verfaßt.«
(Reinhild Kahn in: Frankfurter Rundschau)

Erschienen im Lamuv Verlag

Felicia Langer

»Laßt uns wie Menschen leben!«
Schein und Wirklichkeit in Palästina

Aus dem Hebräischen von Barbara Linner
und aus dem Englischen von Inge Presser

An konkreten Beispielen schildert Felicia Langer die Situation
der Palästinenser nach den beiden Abkommen von Oslo zwischen der israelischen Regierung und der PLO:
Die jüdischen Siedlungen in der Westbank werden nicht aufge-
geben. Damit sie besser erreichbar sind, werden Umgehungs-
straßen gebaut – Palästinenser verlieren deshalb ihr Land. Auch
in Ost-Jerusalem stehen Enteignungen auf der Tagesordnung.
Die Palästinenser in der Westbank haben keinerlei Kontrolle
über die Wasserversorgung. Felicia Langer schildert die Verhältnisse in einem durstigen Dorf – neben einer blühenden jüdischen Siedlung mit Swimmingpool.
In Gaza, einem der dichtbesiedeltsten Gebiete der Welt, sind 60
Prozent der Bevölkerung arbeitslos. Die Abriegelung der
besetzten Gebiete aus Angst vor weiteren Anschlägen der
Hamas treibt die Palästinenser in eine ausweglose Situation, da
sie auf Arbeit in Israel angewiesen sind. Felicia Langers Fazit:
»Gaza ist wie ein Gefängnis, und Israel hat den Schlüssel.«
Die Anwältin hat Kontakt zu palästinensischen Menschenrecht-
lern: Sie beklagen nicht nur die fehlende Pressefreiheit und die
Verhaftung von Journalisten in den Autonomie-Gebieten, son-
dern erheben auch den schwerwiegenden Vorwurf, die palästinensische Polizei imitiere israelische Praktiken und begehe
Menschenrechtsverletzungen. Sie bestätigen entsprechende
Berichte von amnesty international.
Die Alternative Nobelpreisträgerin macht deutlich, daß – sollte
die israelische Regierung ihre Haltung nicht ändern – Frieden in
Nahost nur ein Wort sein wird. Ihre Hoffnung jedoch bleibt, daß
sich, dank internationaler Unterstützung, diejenigen durchset-
zen, für die Frieden mehr ist: »Frieden ist eine Geisteshaltung,
eine Neigung zu Güte, Vertrauen, Gerechtigkeit.« (Baruch Spi-
nosa)

Erschienen im Lamuv Verlag

Olga Levy Drucker

Kindertransport
Allein auf der Flucht

Aus dem amerikanischen Englisch von Klaus Sticker
gebunden, mit 18 Abbildungen

Als Hitler 1933 die Macht ergreift, ist »Ollie«, wie sie alle nennen, gerade sechs Jahre alt. Die ersten Schilder tauchen auf: »Juden sind unerwünscht!«

Am 8. November 1938, in der sogenannten Reichskristallnacht, stürmen SA-Männer ihr Elternhaus. Ihr Vater, ein Stuttgarter Kinderbuchverleger, kommt ins KZ Dachau. »Bis dahin hatte ich keine Ahnung, was es hieß, jüdisch zu sein.«

Die Eltern beschließen, ihre elfjährige Tochter nach England zu schicken, mit einem »Kindertransport«. Am 3. März 1939 ist es soweit. Olga wird in den Zug gesetzt. Ihre Eltern wollen sechs Wochen später nachkommen. Doch daraus wird nichts.

Olga erlebt den Zweiten Weltkrieg im Exil, in einem Land, das von deutschen Flugzeugen bombardiert wird. Sie erfährt, was es heißt, Freunde zu verlieren, eine Fremde und Vertriebene zu sein, sich auf der Flucht zu befinden. Materiell leidet sie keine Not, doch fehlt ihr oft die menschliche Wärme, die sie so dringend gebraucht hätte. Quälend die Frage, ob sie ihre Eltern jemals wiedersehen würde...

Im März 1946 trifft Olga ihre Eltern in New York endlich wieder. Sie hatten im letzten Augenblick aus Deutschland fliehen können – was den wenigsten der 10 000 Eltern gelungen war, die ihre Jungen und Mädchen mit einem »Kindertransport« vor den Nazis retteten.

Olga Levy Druckers Erinnerungen an die Zeit von 1933 bis 1945 sind einzigartig. Nicht zuletzt deshalb ist ihr Werk als das beste Buch für junge Erwachsene von der »American Library Association« ausgezeichnet worden.

Erschienen im Lamuv Verlag